W0185425

ATLANTIS

DAS VERBORGENE WISSEN
DER WELT

BASTEI
LÜBBE

Der Herausgeber der Reihe
ATLANTIS
Dr. Hans Christian Meiser
ist Philosoph, Schriftsteller und TV-Moderator

Über die Autorin:

Durch ihre Schutzgeister-Bücher wurde **Penny McLean** zu einer der meistgelesenen spirituellen Autorinnen. In Seminaren, Kursen und Vorträgen, die sie in ganz Europa abhält, vermittelt sie tiefes Wissen, das zur Lebensmeisterschaft führt.
Weitere Werke sind: *Adeline und die Vierte Dimension* (1988), *Kontakte mit Deinem Schutzgeist* (1988), *Zeugnisse von Schutzgeistern* (1989), *Einsamkeit ist eine Sehnsucht* (1989), *Alltag mit Schutzgeistern* (1991), *Ich bin mein Schicksal* (1993) und *Wir sind an Deiner Seite* (1996). Penny McLean lebt in München.

ATLANTIS

PENNY McLEAN

DAS UNSICHTBARE DRITTE

VOM GEHEIMNIS MENSCHLICHER ENERGIEFELDER

BASTEI LÜBBE

BASTEI-LÜBBE-TASCHENBUCH
Band 70101

Originalausgabe
© 1997 by Bastei-Verlag Gustav H. Lübbe GmbH & Co.,
Bergisch Gladbach
Printed in Germany, Januar 1997
Einbandgestaltung: CCG, Köln
Titelillustration: Ender Güzey, München
Satz: Textverarbeitung A. Garbe, Köln
Druck und Bindung: Ebner Ulm
ISBN 3-404-70101-1

Der Preis dieses Bandes versteht sich einschließlich
der gesetzlichen Mehrwertsteuer.

Inhalt

Der Energie-Körper 7

Das Individual-Energiefeld 21

Das Partnerschafts-Mischfeld 48

Erkennen, Klären und Wiederherstellen von Individual- und Partnerschaftsfeldern 106

Der Geruch von Glück und Unglück 125

Die Macht des Mischfeldes 145

Der Energie-Körper

Von unsichtbaren Vorgängen, die sich direkten wissenschaftlichen Beweismöglichkeiten scheinbar entziehen, zu berichten, mag auf den ersten Blick ein ähnlich spekulatives Unterfangen darstellen wie das Äußern von Vermutungen hinsichtlich des Eintreffens futureller Ereignisse. Auf den zweiten Blick muß jedoch zugegeben werden, daß schon Platons Ideenlehre die Ursprünge materieller Darstellungen im Unsichtbaren beheimatet wissen wollte und, damit verbunden, die Erkenntnis und das Erfinden derselben. Platons wissenschaftlicher Bruder in unserem Jahrhundert könnte Rupert Sheldrake sein, der mit seiner Theorie der morphogenetischen Felder und der morphischen Resonanz im Grunde nichts anderes ausdrückt als Platons Urbilder-Idee.

Wenn alles, was sich auf dieser Welt materialisiert, aus einem konzentrierten Ideenfeld geboren wird und seine Heimat in einem morphischen, also formgebenden Feld verankert hätte, dann läge die Vermutung nahe, daß auch wir Menschen ebensolchen Feldern verbunden, ja sogar entstammt sein könnten. Diese Idee ist sicher kein Novum und sollte von uns vorerst nur als theoretischer Denkansatz betrachtet werden, mit dem wir uns jedoch intensiv auseinandersetzen wollen.

In der Geschichte der Philosophie findet sich immer wieder eine Differenzierung des Menschgeborenen in Körper, Seele und Geist, wobei die Erklärung der reinen Körperbeschaffenheit nachweislich die geringsten Schwierigkeiten bereitete. Bei den Versuchen, Seele und Geist zu definieren, schieden sich jedoch die Geister. Naturwissenschaftler, Kirchenväter, Mediziner, Philosophen und sogenannte Esoteriker lieferten sich im Kampf um die endgültige Klarstellung und Beweisbarkeit der Termini erbitterte Kämpfe. Schuld daran war nichts anderes als die Unsichtbarkeit, die mit beiden Begriffen untrennbar verbunden ist. Ein Körper kann im wahrsten Sinn des Wortes be-griffen werden. Das Begreifen von Geist und Seele aber scheint eine äußerst delikate und individuelle, ja fast intime Wahr-Nehmung zu erfordern, die an den ganz persönlichen Mythos rührt. Im Laufe der Zeit hat man sich angesichts der allgemeinen Entwicklung mehr oder weniger stillschweigend darauf geeinigt, daß Geist mit Bildung, Vernunft und Verstand, also im weitesten Sinne mit dem Intellekt, Seele dagegen mit Gefühlen, Träumen, Imaginationen und Ahnungen zu tun hat. Aus dieser bi-polaren Separation entsprangen Wissenschaftszweige wie die Psychiatrie, die Psychologie und die Psychoanalyse. Wenn der Verstand in der Lage sei zu analysieren, so meinen sie, dann mußte es doch vice versa möglich sein, die Seele mit eben diesem Verstand zu zergliedern. Bewußt oder unbewußt hat man damit die Seele dem Verstand untergeordnet und auf Platz zwei der Rangordnung gestellt. Auf der Trennungslinie zwischen Seele/Gefühl und Geist/Verstand entwickelten sich seelenlose Techniken, die nicht nur versuchten, das sogenannte geistige Potential in elektronische Geräte zu packen, sondern die dem Benützer dieser Systeme auch vorgaukelten, er könne damit die Bedürfnisse des Seelenpotentials befriedigen. Diese Experimente sind ähnlich gnadenlos wie der Versuch, menschliche Geschmacksnerven mit künstlich erzeugten

Lebensmitteln irrezuführen. Der sichtbar Leidtragende in dieser Kette von Experimenten ist der Körper, der, reagierend auf die Neuschöpfungen Intellekt und Emotion, im Gegensatz zu Intelligenz und Gefühl, eine wahrliche Pandorabüchse an Krankheiten und Mißbildungen zu öffnen wußte.

Seit Tausenden von Jahren bemühen sich Menschen, das Unsichtbare in den Bereich des Sichtbaren zu ziehen. Man nennt das Forschung, Erfindung, wissenschaftliche Experimentierfreudigkeit. Manche dieser Bemühungen haben dem Wohl des Menschen gedient, andere führten in sein Verderben. Es ist über 2000 Jahre her, daß der griechische Philosoph Demokrit von Atomen als unteilbaren kleinen Seinselementen im leeren Raum sprach und in diesem Zusammenhang vor den Beunruhigungen der ebenfalls aus Atomen bestehenden Seele warnte. Für ihn waren diese Atome unsichtbare und damit unantastbare Bestandteile des generell Existierenden, und wahrscheinlich hätte es sich dieser Befürworter der Sophrosyne, der heiteren Gelassenheit, nicht träumen lassen, daß sein intuitives Erkennen dieser naturwissenschaftlichen Zusammenhänge der erste, wenn auch rein philosophische Schritt in Richtung Hiroshima war.

»Weh' dem, der die Hand da legt an das Unsichtbare, der es wagt, zu lüften den Schleier, der bedeckt der Isis Antlitz ...«

Über zwei Jahrtausende ist dieser Satz alt, eine Warnung, ausgesprochen von Menschen, die Ahnung hatten von der Macht des Unsichtbaren und deren Respekt davor mit Sicherheit der Angst entsprang, das Revier der Götter zu verletzen. Durch alle Religionen ziehen sich gräßliche Bestrafungen der Menschen durch einen oder mehrere Götter als Folge von mehr oder weniger symbolischen Revierübertretungen. Die Vertreibung aus dem Paradies ist uns bis heute noch in allen Einzelheiten gegenwärtig, genauso wie das bedauernswerte Ende des aeronautisch interessierten Ikarus. Doch ist es richtig, diese symbolträchtigen Erzählungen in unserer aufgeklärten Zeit mit einem Lächeln in das Land der Sagen und Märchen zu verweisen?

Nehmen wir doch der Einfachheit halber einmal an, daß es tatsächlich einmal Götter gegeben hat, die gewisse Potentiale ihres Wissens und ihrer Existenz nicht an uns weitergeben wollten, sei es aus Eifersucht oder aus einem voraussehenden Beschützerinstinkt, wohl wissend, daß ein Zuviel an Information und Ausbildung der vorprogrammierte Weg in die Destruktion wäre. Wem diese Theorie zu phantastisch erscheint, dem sei gesagt, daß sie bis zum heutigen Tag von durchaus nicht esoterisch denkenden Wissenschaftlern als absolut mögliche Theorie in Betracht gezogen wird.

Für uns ist es nur wichtig, festzustellen, daß dem sogenannten unsichtbaren Bereich anscheinend besondere Kräfte innewohnen, die erst ab einer bestimmten geistigen Reife erkannt und verwendet werden sollen und können.

Dem unsichtbaren Bereich zugeordnet werden können Geist und Seele, wobei es wohl am logischsten ist, sich unter Geist eine von Gefühlen unbelastete, rein ratiogesteuerte, agierende Energie vorzustellen, während Seele das individuell auf äußere Einflüsse mit Ahnungen und Empfindungen reagierende Selbst-Verständnis beinhaltet.

Über Jahrtausende haben sich kleine und große Geister den Kopf zerbrochen, wo die Heimat der Seele zu suchen sei, wo ihre Wurzeln verankert sind und wohin sie geht, wenn der Menschenkörper seine fleischliche Existenz beendet.

»Ich bin während meiner Operationen noch nie auf eine Seele gestoßen. Also gibt es keine.«

Dieser Satz eines großen Chirurgen unseres Jahrhunderts zeigt jedoch auf, daß das Vorhandensein dieses unsichtbaren Potentials durchaus nicht für jeden Menschen selbstverständlich war und ist, denn die wissenschaftliche Beweisbarkeit läßt nach wie vor auf sich warten, wobei der Einwand, daß die sogenannten »bewiesenen Tatsachen« sich in der Entwicklungsgeschichte der Wissenschaft schlußendlich wesentlich öfter als falsch erwiesen haben als sämtliche philosophischen und theologischen Denkmodelle, mehrfach seine Begründung erfahren hat. Beim Aufspüren des Geheimnisses der Seele werden wir also mit Hilfe intuitiv Suchender wesentlich weiter kommen, als mit dem wissenschaftlichen Seziermesser.

Rainer Maria Rilkes Gedicht »Wie soll ich meine Seele halten?« endet mit der Frage »Auf welches Instrument sind wir gespannt, und welcher Spieler hält uns in der Hand?«

Das Geheimnis, das sich zwischen den Zeilen verbirgt, offenbart sich erst nach intensiver Beschäftigung. Oberflächlich gelesen, präsentiert sich uns ein zartes, inniges, unendlich vorsichtiges Liebesgedicht. Doch dann, nach Überwindung der ersten emotionalen, also persönlichen Reaktion auf die Zeilen, teilt sich eine ungeschriebene, in der Fragestellung des Werkes verborgene Information mit, die wahrscheinlich den Kern und eigentlichen Sinn darstellen.

Wenn Rilke sagt: »Wie soll ich meine Seele halten?«, so stellt er sich dieselbe unlösbare Frage wie der Geiger, der sich fragt: »Wie soll ich meinen Ton halten?«

Im Gegensatz zum Dichter weiß der Geiger zumindest, daß er selbst es ist, der das Instrument in Händen hält, daß er den Ton auf seinen vier Saiten durch bestimmte

Fingerstellungen erzeugen kann und daß die Handhabung des Bogens die Färbung und Intensität des Klanges erzeugt. Sollten Ihnen diese vergleichenden Überlegungen zu einfach vorkommen, dann ist Ihnen wahrscheinlich die Differenzierung von Ton und Klang entgangen.

Eine menschliche Stimme kann einen gereizten oder gütigen Ton erzeugen und damit das Gegenüber reizen oder gütig stimmen. Die Grundlage dieses Vorganges bilden die Stimmbänder, die, vergleichbar den Saiten von Rilkes Geige, grundsätzlich dazu bestimmt sind, Töne hervorzubringen. Um den Klang, der letztendlich wirklich die Information transportiert, zu erstellen, bedarf es der Kunstfertigkeit, des Könnens, des Bewußtseins des Verwenders, der will- oder unwillkürlich die Färbung des tonerzeugenden Materials bewerkstelligt. Hier sind wir bei einer weiteren wesentlichen Komponente des »Tonangebens« angekommen: dem Willen, dessen begriffene Verwendung letztendlich die Beherrschung der Materie und damit die in diesem Falle hörbare Qualität des Ergebnisses kennzeichnet. Jegliche Beherrschung einer Fähigkeit erfordert Übung und Erfahrung, was wiederum Durchhaltevermögen, also Willen erfordert. Hier schließt sich scheinbar der Kreis.

Wahrlich nur scheinbar. Denn Tatsache ist, daß sich auf dieser Welt trotz einer fast beängstigenden Expansion diesbezüglicher ostasiatischer Talente die Zahl wirklich erstklassig spielender Geiger ebenso in Grenzen hält wie die Anzahl erstklassiger Sänger und Redner. Der Wille allein kann also niemals wirksam werden, sondern er bedarf unter anderem einer weiteren Komponente, die als wissenschaftlich meßbares Quantum ebenfalls nicht faßbar ist: das Talent, das nichts weiter ist, als die Fähigkeit, vollkommene Bewußtheit auf einem oder mehreren Gebieten innezuhaben. Folglich wäre also jeder, der über geeignetes Material, über einen ausgeprägten Willen und über ausreichendes Talent verfügt, geeignet, Lord Yehudi Menuhin oder Luciano Pavarotti zu werden. Weit gefehlt!

Wo aber liegt das Geheimnis des tatsächlichen »Erfolges«? Eines Erfolges, der aus der Reaktion der Umwelt »erfolgt«?

Die Erwartung, daß nun das Thema »Schicksal« abgehandelt werden müßte, wäre zwar logisch, doch letztendlich wenig nützlich, da auch dieser Begriff in den Bereich der wissenschaftlich nicht erfaßbaren Phänomene einzuordnen ist. Die Suche wird erfolgreich in dem Moment, da wir uns in die Gefängniszelle des Sokrates begeben, in der sich, wenige Stunden vor seiner Hinrichtung, die engsten Freunde und Anhänger versammelt haben. Nachdem es gelungen war, die aus verständlichen Gründen momentan etwas derangierte und an tiefgründigen philosophischen Grundsatzgesprächen weniger interessierte Xanthippe nicht gerade sanft zu entfernen (O-Ton Sokrates: »Laß doch jemand diese nach Hause führen.«), entwickelte sich ein Gespräch, das, scheinbar unbeeinflußt von der Umgebung und der Bedrückung der Umstände, die wesentlichen, also unsichtbaren Dinge des Seins zu erfassen versucht. Im Rahmen dieses finalen Gedankenaustausches meint Simmias, daß der Körper der Menschen der Leier und den Saiten vergleichbar sei und bringt anschließend einen Begriff ins Spiel, der als Grundlage sämtlicher nachfolgenden Ausführungen und Vermutungen geeignet erscheint: die Stimmung, von der Simmias als etwas Unsichtbarem, Schönem und Göttlichem spricht und sie der Seele gleichsetzt, was Sokrates natürlich nicht unwidersprochen hinnehmen kann, schon gar nicht im Bewußtsein der nahen Todesstunde. Sichtlich war ihm die Vorstellung, in absehbarer Zeit nur mehr als Stimmung zu existieren, wenig erstrebenswert vorgekommen. So einigt man sich darauf, daß die Seele wohl das Leben, aber niemals den Tod anzunehmen gewillt ist, woraus sich logischerweise ergibt, daß die Seele unsterblich sein muß.

Man kann es nur dem offensichtlichen Zeitdruck anlasten, daß dem armen Simmias nicht mehr Raum gegeben wurde, um seine Idee der Stimmung ausbauen zu können. Seinen bekannten Ausführungen glaube ich nämlich entnehmen zu können, daß per se folgendes zu erwarten gewesen wäre: die Stimmung ist eine Eigenschaft, eine Eigenart der Seele, doch nicht die Seele selbst, die, laut Plato, ausgeprägte Eigenschaften aufzuweisen hat, die sich über die berühmte Drei-Teilung in Vernunft, Mut und Begehren zum Ausdruck bringen können.

Faßt man alle bisher zum Ausdruck gebrachten Gedankengänge zusammen, so ergibt sich die Erkenntnis, daß Seelisches vor allem von der Eigenart gekennzeichnet ist, ausschließlich zu reagieren, im Gegensatz zu dem, was wir Geist nennen. In den Status eines Singularetantum erhoben, erwächst Seele plötzlich zu einem mächtigen Organ, das die Wahrnehmung tätigt, selektiert und beurteilt, wobei das, was wahrgenommen werden soll und wird, sich auf das geistige Potential bezieht. Aus dieser Form des »Filterns« ergibt sich die subjektive Anschauung und Beurteilung, welche letztendlich die Verschiedenartigkeit der Menschen, aber auch die Problematik der zwischenmenschlichen Beziehungen erzeugt.

So gesehen zeigt sich der Mensch als vornehmlich seelisches Konstrukt, welches durch sein Wahrnehmen und Ver-Wenden des Geistpotentials zum Teil-Nehmer dieses riesigen Universalfeldes heranwächst.

Wenn wir also Seele als rezeptives Organ des Geistes erkennen, so muß sie als genereller Energieempfänger und Verwerter angesehen werden. Demnach wären Bewußtsein, Talent, ja sogar Intelligenz und Wille reine Seeleneigenschaften. Eine Akzeptanz dieser Auffassung würde bedeuten, daß die Heilkunde, die Rechtsprechung, die Pädagogik inklusive sämtlicher Ausbildungsmodi völlig neu überdacht und gestaltet werden sollten. Die sogenannte Psychiatrie müßte samt und sonders einem neuen Fach weichen, das schlichtweg Seelenkunde und -pflege heißen müßte.

Vater dieses Wissens wäre unter anderem Simmias, der mit seinen Gedanken über den Klang der Seele wahrscheinlich nichts anderes vermitteln wollte als das Wissen, die Ahnung der Notwendigkeit und Nützlichkeit der harmonischen Abstimmung äußerer Einflüsse auf das Instrument Mensch, um damit einen optimalen »Klang«, ein ausgewogenes »educare«, ein begriffenes Erziehen des Körpers als Klanginstrument zu gewährleisten.

Fazit: Wenn die Voraussetzung für ein exekutiv wirkendes Orchester primär das individuelle Stimmen und Abstimmen der Instrumente untereinander ist, dann ist die Voraussetzung für eine ebenso stimmige Menschheit in dem endlichen Erkennen und Verwenden des Seelischen und damit letztendlich auch des Körperlichen verankert. Damit wären wir der Lösung des Geheimnisses des optimalen Teil-Nehmens am großen und ganzen schon ein beträchtliches Stück nähergekommen. So zeigt sich Seele als mächtiges Medium zwischen dem Universalpotential Geist und dem ebenso unermeßlichen Potential Materie, sprich, innerhalb unserer Überlegungen, dem Menschenkörper.

Die fünf Grundpfeiler, welche die Struktur der Seele ausmachen, sind, wie noch wenig bekannt ist, Energie, Wahrnehmungsvermögen, Kommunikationsfähigkeit, Schöpfungsmächtigkeit und Transformationsfähigkeit.

Wie soll ich meine Seele halten?

Wie meine Gedanken?

Wie meinen Klang?

Indem ich meine Seele fähig mache, wäre die Antwort. Fähig durch Bewußtwerden, Beobachten, Ausbilden, Vergleichen.

Fähigkeiten erlangt man durch Interesse, Lernen und Üben.

Die Gedankenlosigkeit, mit der wir tagtäglich über das Wort »Interesse« hinwegreden, ist nur eine der zahllosen Absagen, die wir dem Geheimnis Sprache erteilt haben. Wenden wir uns dem Wort bewußt zu, so eröffnet sich ein riesiges Informationsfeld.

Interesse bedeutet zwischen-, inmitten-, unter-sein.

Zwischen wem, in wessen Mitte, unter wem?

Ein unbekümmerter Jugendlicher würde antworten: Zwischen mir und dem Rest der Welt, in der Mitte von allem, unter wem ich will.

So einfach ist das. Oder doch nicht?

Auf der einen Seite ist das Ich, unbestreitbar.

Auf der Gegenseite das Andere, das Du.

Und nun geschieht ein Phänomen: Es entsteht ein unhör- und unsichtbares Anfragefeld, das ausschließlich über das Fühlen wahrgenommen werden kann. Nie ist der Mensch schöpfungsmächtiger, aber auch zerstörbarer, als in diesem Moment der *Anfrage:* Fühlst du mich, kennst du mich, willst du mich?

Und du reagierst. Entweder ablehnend (–) oder zustimmend (+). Oder du nimmst nichts wahr (neutral), das ist die dritte Möglichkeit. Wir müssen lernen, unseren eigenen Worten, unserer Sprache, die Ausdruck unserer Seele ist, genauer zuzuhören.

Ab-lehnen bedeutet, sich gegen eine angebotene Energie zu lehnen, sich zu wehren.

Zu-stimmen meint, in den Klang einer angebotenen Energie einzustimmen.

Wahr-nehmen heißt, nach dem Gesetz der subjektiven Wahrheit, der Mutter des berühmten Geschmacks, über den man angeblich nicht streiten kann, ein Angebot (Situation, Möglichkeit) als solches zu erkennen, zu bewerten, zu verwenden oder es abzulehnen.

So werden aus belanglosen, tausendmal verwendeten Worten entschlüsselte Geheimbotschaften. Wer hätte gedacht, daß die Kurzform für »das ist n-ich-t die W-ahrheit für m-ich« ein einfaches »nicht wichtig« ist? Und daß hinter dem simplen Latinismus inter-essieren sich das weite Land der Be-Ziehungen, der Abgrund zwischen Ja und Nein, die Ahnung des freien Willens und der Schicksalsmächtigkeit auftut?

Wenn es sich lohnt, ein einziges Land bis in seine kleinsten Ecken, Niederungen, Höhen und Tiefen zu erforschen, dann ist es dieser unerforschte Graubereich, der zwischen dem Ich und dem Anderen zwangsläufig entsteht, und dessen Wahrnehmung oder Nichtbeachtung, dessen Negation oder Akzeptanz und dessen Verwendung wahrscheinlich das erzeugt, was wir unter Schicksal verstehen. Schick-sal.

Noch eine Entschlüsselung sei erlaubt:

Die Wortendung -sal hat ihre Wurzel im schönen deutschen Wort selig (mhd.: saelec) verankert, das wiederum seine Abstammung dem lateinischen Wort salus (Wohlbefinden, Heil, Glück) verdankt.

Schicksal heißt also nichts anderes, als ins Glück, ins Heil-Sein geschickt werden.

Doch von wem? Wer ist es, der uns in dieses weite Land, auf dieses Schachbrett der unendlichen Kombinationsmöglichkeiten schickt?

Wenn, wie vorher gesagt, zu den Eigenschaften der Seele auch die Willensfähigkeit gehört, dann kann diese Frage nur damit beantwortet werden, daß es ein Teil dieses Willenspotentials sein muß, das die Seele in die Individualisierung, in einen Menschenkörper treibt. Das Wort Willen ist ein Überbegriff. Ihm zugehörig sind Wunsch, Hoffnung, Forderung, Macht (ich möchte), Sehnsucht.

All diese Begriffe mögen bei der Verkörperlichung der Seele eine Rolle spielen, doch es weist sich bei eingehender Betrachtung ein einziger Begriff als absolut stimmig aus – das Wort »Begehren«.

In diesem steckt das Wort »Gier« verborgen, das man mit »heftig verlangen« übersetzen könnte und dessen Wurzel im indogermanischen »gher« (sich an etwas erfreuen, nach etwas verlangen) zu finden ist, woraus sich unser »gerne« entwickelt hat. Interessant wird die Suche jedoch in dem Moment, in dem wir das Griechische zu Hilfe nehmen, um die vorher genannten Worte »sich erfreuen« usw. zu übersetzen. Wir finden das Verb »charenai« und sind damit bei »charis« (Anmut) und »charisma« angekommen, einem Wort, das genau so oft wie das französische »charme« verwendet wird und in dem wiederum das lateinische »carmen« (Gesang, Lied, Zauberformel) enthalten ist. Simmias?

»Und die Welt fängt an zu singen, kennst du nur das Zauberwort ...« Dem von Eichendorff in allen Dingen vermuteten Lied waren von Thomas von Aquin bis Goethe alle auf der Spur, die Kenntnis vom Geheimnis des menschlichen Energiefeldes erlangt hatten.

Dieses Energiefeld ist spürbar, hörbar und unter bestimmten Bedingungen sogar sichtbar.

Auf fast sämtlichen Heiligenbildern wird dieses Phänomen durch den Strahlenkranz um den Kopf des Dargestellten kenntlich gemacht, was zur Folge hatte, daß lange Zeit angenommen wurde, dieser dekorative Schmuck sei ausschließlich denen vorbehalten, die einen gottgefälligen Lebenswandel aufzuweisen hatten. Tatsache ist jedoch, was man nicht erst seit den manchmal etwas fragwürdigen Experimenten des Franz Mesmer (»De influxu planetarum in corpus humanum«) wußte:

Ob bei Mensch, Tier, Pflanze, Stein, Metall oder Holz, kurzum überall, wo sich Elektronen um einen Atomkern bewegen, entsteht ein meßbares Feld, das eine Kraft auf jedes andere Feld im Universum ausübt.

Um beim menschlichen Körper und der ihm verbundenen Seele zu verbleiben, sei darauf hingewiesen, daß jeder Mensch sein eigenes Energiefeld bei einiger Konzentration selbst wahrnehmen kann. Es genügt dazu ein stockdunkler Raum. Nähert man sich, selbst bei Unkenntnis der Ausmaße, einer der Wände, wird man das Vorhandensein der Mauer registrieren, bevor man sie berührt. Man ahnt den Widerstand, bevor man ihn körperlich zu spüren bekommt. Der Volksmund hat dieses Vorspüren des Energiekörpers mit Sätzen beschrieben wie: »ich fühle mich eingeengt«, »etwas lastet wie ein Stein auf meiner Brust«, »es schnürt mir die Kehle zu« usw.

Goethe läßt es in seinem »Faust« vom Erdgeist mit edleren Worten ausdrücken: »Du hast mich mächtig angezogen, an meiner Sphäre lang gesogen ...«

Jede Einwirkung auf den Energiekörper, auf das Energiefeld des Menschen wird vom physischen Körper bewußt oder unbewußt registriert und mit Behagen oder Unwohlsein quittiert. Umgekehrt strahlt das Feld die generelle und auch momentane Befindlichkeit seines Erzeugers für einen selbst wenig aufmerksamen Beobachter relativ eindeutig aus, was am Beispiel sogenannter Charismatiker am leichtesten zu beobachten ist. Selbst bei Erschöpfung, Krankheit, sogar im schlafenden Zustand bleibt ein überdurchschnittliches Maß an Abstrahlung erhalten.

Andere Menschen wiederum hinterlassen keinerlei Eindruck oder Erinnerung, werden überhaupt nicht wahrgenommen und verlassen uns so sang- und klanglos, wie sie in unser Umfeld getreten sind. Erfolg und Mißerfolg, also im weitesten Sinn das Schicksal eines Menschen, wird demzufolge von der »Bauart« seines Feldes beeinflußt. Es lohnt sich also, der Erzeugung desselben intensiv nachzuforschen, wobei weitgehend auf esoterische, nicht aber auf physikalische Termini verzichtet werden soll, um eine allgemein akzeptable Verständnisbasis und -bereitschaft jenseits jeglicher Glaubensrichtungen herstellen zu können.

Das Individual-Energiefeld

Die sichtbare Existenz eines Menschen beginnt mit seiner Geburt, mit seinem ersten Atemzug, seinem ersten Schrei, seinem ersten Wahr-Genommenwerden durch seine Umwelt, primär durch die Bestätigung seiner Existenz seitens seiner Mutter. Dieser erste Moment der Aktion und die daraus resultierende Re-Aktion der Umwelt ist von prägender Bedeutung und von nachhaltiger Signifikanz für die nachfolgende Entwicklung. Statistisch ausgewertete Beobachtungen haben eindeutig erwiesen, daß die Entwicklung von Säuglingen, die als erwünschte, geliebte Kinder in einer harmonischen, entspannten und liebevollen Umgebung geboren werden, wesentlich problemloser und kontinuierlicher vor sich geht, als im entgegengesetzten Fall.

Der Körperkontakt, der aufgenommene Geruch und die Stimmlage der Mutter werden als erste Sicherung (s-ich-er) vom Neugeborenen abgespeichert. Die wichtigste Bestätigung eines Menschen, das »ich werde wahrgenommen, also bin ich« hat somit stattgefunden. Anhänger cartesianischer Selbstgewißheit des Bewußtseins (»Cogito ergo sum«) werden angesichts der Tatsache, daß der Denkapparat eines Säuglings seiner vollendeten Entwicklung erst entgegensieht, die eigenmächtige Veränderung des berühmten Satzes sicherlich nachsichtig hinnehmen.

Die oben aufgeführte erste Bestätigung eines Seins ist nichts anderes als die Bestätigung einer Idee, einer Vorstellung menschlicher Darstellung, die zuvor im geistigen Bereich stattgefunden haben muß.

Angesichts des Fakts, daß die einfachste Blumenvase und der simpelste Schnürsenkel zunächst ein Gedanke, eine Idee waren, dürfte die vorhergegangene Behauptung durchaus akzeptabel sein.

Wem der Vergleich Mensch – Blumenvase – Schnürsenkel zu banal ist, der möge durch nachfolgende Differenzierung besänftigt werden.

Die Grundsätzlichkeit der Materialisation einer Idee beruht auf der Kompatibilität der Energie derselben mit der in der Materie zur Verfügung gestellten Form. Das heißt, daß die Idee einer Blumenvase und eines Schnürsenkels noch immer im Äther des Universums vor sich hinträumen würde, wenn nicht ein paar experimentierfreudige Chinesen mit Feldspat, Quarz und Kaolin herumgespielt hätten und es nicht einem unserer Urväter auf die Nerven gegangen wäre, seine Füße tagtäglich mit irgendwelchen Lappen zu umwickeln.

Fazit: Eine Idee kann nur in einer entsprechenden Form in die Sichtbarkeit transportiert werden.

Sofern es den Menschen betrifft, muß also über den Geschlechtsakt, also über die Vereinigung weiblicher und männlicher Energie, ein genetisches Angebot erstellt werden, welches einem ideellen Materialisationsbegehren eine akzeptable Verwirklichungsmöglichkeit bietet.

»Gleich und gleich gesellt sich gern« »Was du billigst noch so fern, ist nach Tagen oder Wochen dein« »Gegensätze ziehen sich an« »Wo zwei oder drei in meinem Namen versammelt sind« – so konträr diese Sätze auf den ersten Blick auch erscheinen, sie drehen sich alle um dasselbe Thema: um das unsichtbare Feld, welches jeder zuerst für sich selbst erstellt, um dann im Zusammenwirken mit anderen Feldern eine Expansion und Transformation zu erfahren. Dies ist die Grundlage jeglicher Entwicklung und Neuschöpfung.

Das wirkliche Phänomen bei diesem Vorgang ist, daß selbst bei spektakulären Vermischungen, welche die ursprüngliche Idee und Form scheinbar verändern, die Ur-Erinnerung der Anteile immer vollkommen erhalten bleibt.

Beweis: Die kleinste Einheit einer chemischen Verbindung weist neben den charakteristischen Eigenschaften dieser Verbindung bei Auflösung derselben die ursprünglichen Bestandteile auf.

Die chemische Verbindung H_2O wird bei Teilung wieder zu einem Atom Sauerstoff und zwei Atomen Wasserstoff, und beide haben als Elemente grundsätzlich andere Eigenschaften als Wasser. Im Zusammenschluß werden aber, wie allseits bekannt, beide zu etwas völlig Neuem, ohne ihre Ur-Information zu verlieren. Pathetisch gesprochen könnte man sagen, sie kehren nach einem äußerst transformativen Ausflug in die Welt der chemischen Eheschließungen unbeschadet in ihre ursprüngliche Idee zurück.

Ein Gedankenspiel bietet sich an:

Haben Wasser- und Sauerstoffatome, die bereits einmal eine H_2O-Verbindung getätigt haben, eine andere Er-Innerung, Er-Fahrung abgespeichert, aus der sich vielleicht praktisch selbsttätig neue Ideenentwicklungen ergeben könnten, oder sind sie durch ihre ursprünglichen Eigenschaften ihrer eigenen Reaktion ausgeliefert? Weiß man, daß sämtliche körperlichen Erfahrungen in der physischen Welt durch Sinneswahrnehmungen getätigt werden und letztere dadurch entstehen, daß Moleküle des Körpers mit Molekülen in der Umgebung desselben zusammenwirken, erscheint obige Überlegung weniger lächerlich.

Aus etwas mehr als hundert verschiedenartigen Atomen werden millionenfache molekulare Verbindungen in Unaufhörlichkeit getätigt. Ein Atom besteht aus einem Neutronen/Protonen-Kern, um den die Elektronen kreisen. Die Umlaufbahn des äußersten Elektrons bestimmt das Gesamtvolumen des Atoms und damit die Größe seines Feldes. All dieses ist Allgemeinwissen, das uns aus dem Schulunterricht noch mehr oder weniger gegenwärtig ist. Doch wer hat sich, außer den Physikern, mit subatomaren Elementarteilchen abgegeben, welche mit Hilfe eines Teilchen-Beschleunigers erzeugt werden? Und wer kann definieren, was ein Quark ist? Nach jahrzehntelanger Verbannung der Philosophie aus den wissenschaftlichen Laboratorien zeigen sich nun endlich wieder Forscher, welche die absolute Notwendigkeit der Vereinigung dieser beiden Denkrichtungen erkannt haben. Solche berichten, daß Quarks, welche die Eigenschaft haben, das Erscheinen von sub-atomaren Teilchen zu bewirken, absolut nichts Substanzartiges an sich haben. Damit verwischt sich die Grenze zwischen Subjektivität und Objektivität. Der Gedanke, daß die tatsächliche Basis eines menschlichen Körpers der Gedanke über denselben ist (repräsentiert durch eben erwähnte, nicht substanzielle Quarks), könnte dem, der Freude an einer neuen Form des Denkens über das wahre Wesen der Materie findet, ungeahnte Perspektiven eröffnen.

Diesen Gedankengängen haftet nichts Revolutionäres an, wie jeder, dem das Werk Carl Gustav Jungs vertraut ist, weiß. In seiner medial anmutenden Schrift »Septem sermones ad mortuos« spricht er von einem »Pleroma«, einem undifferenzierten Grund, einer dem sich zwischen

Objektivität und Subjektivität befindlichen Graufeld entstammenden Non-Substanz, aus der die »Creatura«, die Welt der geschaffenen Dinge, entstammt.

Diese 1916 entstandene Arbeit war praktisch die Vorbereitung seines Schrifttums über die Archetypen und das kollektive Unterbewußtsein und kann als Metapher für das Empordringen des Individual-Bewußtseins aus dem kollektiven Unbewußten angesehen werden. Letzterem zugehörig und ihm entstammend ist auch das sogenannte »Psychoide«, ein Begriff, der lange vor der Differenzierung von Materie und Geist entstand und laut C. G. Jung eine seelenähnliche, bewußtseinsunfähige, der Triebwelt nahestehende Schicht ist. Damit spricht er von demselben, was Buddha und später Rudolf Steiner als Namarupa (bei Steiner Kamarupa = Begierdenkörper) bezeichnet haben, ein ebenfalls non-substanzielles Denkorgan, das, entstanden aus dem Samskara, dem »Durst nach Dasein« (Darstellung, Wahrgenommenwerden), die gegenwärtige Individualität des Menschen hervorbringt.

Diese Phänomene akausaler Verknüpfungen wurden schon 1920 von dem blutjungen genialen Physiker Wolfgang Pauli erkannt, dessen ungeheuerliches Wissen und hervorragende Intuition sogar großen Geistern wie Heisenberg und Einstein höchste Bewunderung abrang. Pauli, der wegen seiner unbarmherzigen wissenschaftlichen Kritik den Spitznamen »Die Geißel Gottes« trug, leistete seinen bekanntesten Beitrag zur Physik mit einer brillanten Ergänzung der Quantenmechanik Heisenbergs, dem sogenannten Ausschließlichkeitsprinzip, welches sich um die oben erwähnten akausalen Verbindungen dreht. Doch nicht dieses war seine berühmteste Erkenntnis, sondern die Entdeckung, daß sich unter der Oberfläche atomarer Materie ein Muster verbirgt, welches das Verhalten der elementaren Substanz auf nicht kausale Weise im wesentlichen bestimmt.

So ist es wiederum das Unsichtbare, das sich als wahrer Dirigent des Universums, und damit auch der menschlichen Seele entpuppt. Als bayrischer Philosoph wäre man fast geneigt zu sagen, daß Platons Ideenlehre im Begriff ist, fröhliche Urständ' zu feiern.

Es bleibt der Weisheit letzter Schluß:

Energie geht niemals verloren, Ideen gehen niemals verloren und so sei es erlaubt, anzunehmen, daß auch Seelen niemals abhanden kommen.

Tod, wo bleibt dein Stachel, wenn die ideelle Energie der wahre Macher ist, der Erzeuger der belebten Materie, des menschlichen Da-Seins?

Aber auch: wo oder wer ist Gott?

Heißt es nicht in einem abgedroschenen Sinnspruch: »Gott achtet den, der arbeitet, aber er liebt den, der singt«?

Die Idee, die Stimmung (meinetwegen auch Schwingung), der Klang, das Begehren, der Zusammenschluß mit Materie, das Wollen, das Sein, dies alles könnte Seele sein, die Geist verwendet, um ihre Eigenschaften zu ent-wickeln. Und die in ihrer Eigen-Artigkeit etwas erzeugt, was man als klingendes Energiefeld bezeichnen könnte, ähnlich einer Erkennungs-Melodie, einem Klang-Code.

Um in Ruhe zu unserem anfänglich erwähnten Säugling zurückkehren zu können, sei der Vollständigkeit halber Konrad Lorenz erwähnt, der mit seinem Bericht über die von ihm selbst aufgezogene Graugans Martina der interessiert-belustigten Leserschaft Kenntnis gab vom sogenannten Fühllaut, einer Art materialisierter Erkennungsmelodie. Lorenz berichtet, daß das neben seinem Bett in einem Kistchen schlafende Gänschen in den ersten Wochen seines Lebens in zehnminütiger Regelmäßigkeit ein fragendes wi-wi-wi von sich gab, auf das der ehrwürdige Nobelpreisträger in ebensolcher Regelmäßigkeit mit einem beruhigenden nag-nag-nag zu antworten hatte. Lorenz übernahm von Selma Lagerlöf die geniale Übersetzung dieser Konversation in: »Hier bin ich – wo bist du?« – »Ich bin hier – alles in Ordnung.«

Das Grundbegehren aller menschlichen Existenz ist damit ausgedrückt: Wahrgenommen zu werden, geborgen, nicht allein zu sein. Mit Hilfe dieser Erkenntnis liegt die Vermutung nahe, daß der seelische Klang-Code über die menschliche Stimme hörbar gemacht werden kann und sich über das unverwechselbare Timbre, das mit Hilfe der Stimmbänder und des Atems erzeugt wird, der Umwelt mitteilt und von dort identifizierende Bestätigung erhofft:

»Hier bin ich – wo bist du?«

Fazit: Jedes Atom erzeugt durch die Bewegung seiner Anteile ein Feld, in dem sich durch das Zusammenschwingen der Teile ein Gemeinschaftsklang ergibt, den man als Identifikations-Sonus (IS) des Feldes bezeichnen kann. Das Bestreben des Feldes ist, sich mit anderen Feldern zu verbinden. Diese Verbindung wird durch einen, die Grundidee der beteiligten Elemente entstammenden und sich daraus automatisch ergebenden Konvenienzvergleich, der mit Hilfe von IS getätigt wird, geschlossen. Die Möglichkeit der Verbindung entsteht durch die Spannung, die sich durch das Gegenüberstellen der beiden Felder und der von ihnen abgestrahlten Energie ergibt.

Um die tiefe Verwandtschaft von Spannung (Tonus) und Klang (Sonus) darzustellen, sei darauf hingewiesen, daß das Wort »Ton« dem Verbum »tonus« entliehen ist, das mit dem griechischen »teinein« (spannen, anspannen) verwandt ist und aus dem wir wiederum unser Wort »dehnen« ableiten können.

Spannung entsteht durch Gegenüberstellung. Übersteigt die Energie des einen Feldes die des anderen um ein Beträchtliches, entsteht etwas, was wir aus unserem ganz gewöhnlichen Alltagsleben nur allzugut kennen: Streß. Die Folge von Streß ist Chaos. Die Spannung wurde überzogen. Eine überzogene Saite auf einem Instrument erzeugt zunächst immer angespanntere, also höhere Töne, befindet sich damit naturgemäß in Disharmonie mit den »Normalsaiten«, um schließlich mit einem Knall zu reißen.

Es bietet sich die Frage an, ob der sogenannte »Urknall« vielleicht nichts anderes war als das Ergebnis eines energetischen Ungleichfeldes. Die Vorstellung, daß wir die Entstehung der Materie einem streßbedingten Wutausbruch des Alls verdanken, ist zumindest belustigend. Um so mehr, wenn man bedenkt, daß sich damit vielleicht sogar der biblische Mythos des Engelsturzes verbinden läßt, bei dem der Verlierer Luzifer in die Materie verbannt wurde.

Als schlußendliche Erkenntnis bleibt: Spannung bewirkt Reaktion und damit, daß sich aus zwei oder mehreren Feldern etwas völlig Neues bildet, das dennoch die Urinformation seiner Anteile beinhaltet.

Hier schließt sich der Kreis.

Denn Tatsache ist, daß unser Säugling die Möglichkeit der Materialisation durch einen Urknall der besonderen Art erhalten hat, dem Orgasmus seines Erzeugers nämlich. Vorbedingung dieses Urknalls ist, wie wir wissen, die scheinbar (!) passive Mitarbeit weiblicher Energie, die bewirkt, daß das männliche Energiepotential in vorher aufgeführter Weise eskaliert und sich dann unter anderem in materieller Weise, dem Samenerguß nämlich, entlädt.

Selbst Feministen werden zugeben müssen, daß zur Erzeugung eines Embryos der Orgasmus der Frau nicht erforderlich ist. Sie empfängt, stellt also den passiven, negativen Part im Zeugungdrama dar. Damit erfüllt sie das Gesetz der Polarität, das Geheimnis der Spannung, die Sich-Ergänzendes zusammenführt, das Mysterium des unsichtbaren Dritten, das ermöglicht, daß Seelenpotential seine Entsprechung im Materiellen finden kann.

Beide Elternteile, Mann wie Frau, verfügen über ein individuelles Energiefeld, das sich bei der Vereinigung ebenso vermischt, wie die Genetik in corpore embryonalis.

In dem Moment, in dem die weibliche Eizelle das ihr gefälligste Spermium (die Sage vom schnellsten und kräftigsten als Gewinner hat sich längst als solche erwiesen) aufnimmt, entsteht ein vorher nie dagewesenes Neufeld, das mit jeder Sekunde seines Wachstums eine Intensivierung seines IS erzeugt. Dieser muß in wesentlicher, aber nicht vollkommener Konvenienz mit dem Feldklang der Mutter stehen, um von ihr nicht abgestoßen zu werden (Abgang). Dieser IS ist es, der dem Seelenfeld Kenntnis von der Existenz des Körperfeldes gibt und es anlockt, um ihm Heimat zu geben und um von ihm »beseelt« zu werden.

Durch den Lockruf ist das Seelenfeld aufgerufen, sich in höchster Form zu konzentrieren. Alle Ideen, die jemals integriert wurden, werden aktiviert, damit steigt die Energie in dem Feld um ein Vielfaches und erzeugt damit ein Phänomen, das im Ausschließlichkeitsprinzip des Wolfgang Pauli seine, wenn auch sehr abstrakt dargebotene, Erklärung findet. Elementarteilchen und Energiequanten, die grundsätzlich in zwei Gruppen aufgeteilt werden können, beginnen einen wilden Tanz aufzuführen. Die eine

Gruppe, bestehend aus Elektronen, Protonen, Neutronen, Neutrinos und anderen Teilchen, bilden eine asymmetrische Tanzformation, die andere Gruppe aus Mesonen und Licht-Photonen bildet den Gegenpart in absolut symmetrischer Formation. Dieser Veitstanz bewirkt, daß Teilchen, welche die gleiche Energie besitzen, voneinander getrennt werden und bleiben. Es ist das Muster des Tanzes, das auf das Verhalten der einzelnen Teilchen einwirkt und letztendlich zur Folge hat, daß die Elektronen schichtweise Energieebenen aufbauen und damit eine chemische Identifikationsmöglichkeit erzeugen, welche durch Neuverbindungen eine Optimierung des Gesamtfeldes bewirkt. Damit verstärkt sich der IS, das gegenseitige Erkennen führt zu einem Ansteigen der gegenseitigen Spannung, die zu einer immer intensiveren Annäherung führt, welche mit der Verschmelzung der Felder endet. Das Embryo ist beseelt.

Wer jetzt glaubt, daß der winzige Körper nun nichts anderes mehr zu tun hat, als zu wachsen und genüßlich Mutters Fruchtwasser zu konsumieren, der hat sich gründlich getäuscht: Die Neuformation sieht einer Zeit schwerster Belastung und Erprobung entgegen. Der heranwachsende Körper hat sich in einem Umfeld, das durchaus nicht vollkommen seinem eigenen Feld entsprechen muß, nicht nur zu akklimatisieren, sondern er muß vor allem mit seiner eigenen Neuschöpfung im wahrsten Sinne des Wortes Frieden schließen. Denn er trägt ja in sich sämtliche gelebten und ungelebten Seelenideen der beiden Eltern, mit welcher die eigene Seelenwelt nun konformiert werden soll. Inwieweit ein Scheitern dieses Unterfangens mit dem sogenannten »plötzlichen Kindstod« zu tun haben könnte, sei der Unmöglichkeit der Beweisführung wegen vorerst nur als Vermutung erwähnt.

Im Moment der Geburt tritt das Kind als Individualität in eine völlig neue Umgebung mit völlig anderen Bedingungen und Forderungen ein. Die erste, dringendste ist, das neue Leben zu akzeptieren, was mit dem ersten Atemholen, dem Füllen der Lungen mit Sauerstoff und dem damit verbundenen ersten Schrei gekoppelt ist. Dieser Kraftakt ist nicht nur die erste tatsächliche Verbindung mit dem äußeren Leben, es ist auch die erste Eigenbestätigung der Existenz und auch die erste Forderung an die Umwelt, zu reagieren.

Wie das erste ihm dargebotene Bild vom frischgeschlüpften Gänschen Martina selbstverständlich als »Mutter«, also die wichtigste Bezugsperson identifiziert wurde, was in diesem Fall groteskerweise das gebartete Antlitz des Professors war, so sind die ersten Töne der Entbundenen für das Kind die erste Identifikations- und Orientierungshilfe in dieser völlig neuen Welt, in der es sich in dieser Formation (Reinkarnationslehren hin oder her) noch nie befunden hat. So, wie es hier liegt, hat es noch nie existiert und wird es nie wieder existieren, denn die Formationsmöglichkeit wird sich in dieser Eigenart nie wieder ergeben.

Diese Eigenart – um den Vorgang vollkommen bewußt zu machen – besteht in der zu einem bestimmten Zeitpunkt erfolgten Zeugung des Körpers, in der zu einem bestimmten Zeitpunkt erfolgten Beseelung und in der zu einem bestimmten Zeitpunkt erfolgten Geburt an einem bestimmten Ort.

Sicherlich wird der eine oder andere nun Ausführungen astrologischer Art erwarten oder sogar befürchten. Diese Erwartung wird sich keinesfalls erfüllen, denn es wird in Behandlung dieses wichtigen Themas auf umstrittene Termini – wie bereits gesagt – bewußt verzichtet, obwohl alles darauf hinweist, daß über dieses System die Möglichkeit der Darstellung der bisher beschriebenen diffizilen Einzelheiten in individueller Form gegeben werden kann.

Was unseren Säugling angeht, nehmen die Adaptionsforderungen, die das Abenteuer Leben mit sich bringt, kein Ende. Doch so, wie der kleine Körper anfänglich nach viel Schlaf und Ruhe verlangt, schlummern auch die Seelenanteile in dem unentwickelten Sein und harren ihrer Erweckung.

Jener Anteil jedoch, der den Transport in die Materie am bewußtesten mitgemacht hat, ja, der wahrscheinlich der Transportleiter der ganzen Expedition ist – die Begierde –, tritt als erstes in eindeutige Funktion, wahrscheinlich, weil sie von der kollektiven Urtriebhaftigkeit gespeist, intensive familiale Unterstützung erhält. Der Säugling fordert seine Rechte ein und kleidet damit seine Begehrlichkeit in eine seinem Entwicklungszustand gemäße Form: er brüllt.

Es soll Menschen geben, die in der Lage sind, aus diesem für Normalohren eher banalen und unerfreulichen Vorgang, sämtliche Eigenschaften des werdenden Menschen zu erkennen.

Nur für ungeübte Ohren klingt eine Säuglingsstimme wie die andere. Tatsächlich ist eine der anderen so ähnlich wie ein Schnürsenkel einer Blumenvase. Der Grund ist einfach zu erklären: hinter jeder Stimme steckt eine individuelle Seelen-Idee.

Eine kurze Abhandlung über den Begriff »Idee« sei hiermit gestattet: Dieser ursprünglich rein philosophische Terminus findet sich zuerst in der Lehre des Platon, und wurde vom griechischen »idein« (sehen, erkennen, wissen) abgeleitet.

In Platons Schriften ist nachzulesen, daß er unter dem Begriff »Idee« die ewig unveränderliche Wesenheit aller Dinge jenseits ihres trügerischen Erscheinungsbildes verstanden wissen wollte. Ist es nicht interessant, daß erst ab dem 12. Jahrhundert der Begriff »Einfall« (mhd. inval) im Sinne eines plötzlichen Gedankens auftauchte und in unserer heutigen Umgangssprache in gleicher Bedeutung wie die Idee verwendet wird?

Was grundfalsch und zu beweisen ist:

Nehmen wir die drei Wörter Einfall, Durchfall und Rechtsfall.

Jeder Normalgebildete würde glauben, daß diese drei Substantive gleichermaßen verwandt sind durch die Silbe »fall«.

Irrtum! Nur der Einfall und der Rechtsfall haben miteinander zu tun und mit dem von humaner Unpäßlichkeit und terrestrischer Schwerkraft ausgelösten Durchfall absolut nichts gemein. Letzterer Fall hat nichts mit dem in-val zu tun, der nämlich ein Geschehnis bezeichnet, genauso wie der Rechtsfall. Wenn also in-val ein Geschehnis ist, das sich zu-fällig und unerwartet in unserer Gedankenwelt abspielt, wie kann dann eine Idee, welche die unveränderliche Wesenheit aller Dinge in sich bewahrt, dem Einfall gleichgesetzt werden? Diese Differenzierung scheint um so notwendiger, da nun eine wesentliche Eigenschaft der Idee zur Sprache kommen muß:

Sie taucht höchst selten in ihrer reinen Ur-Form auf. Das hat Platon gemeint, als er vom »trügerischen Erscheinungsbild« sprach. Die Frage, die sich daraus ergibt, muß also lauten:

Wie und warum entsteht das Trugbild und wie erkennt man trotzdem die Ur-Idee, die sich dahinter verbirgt?

Und was hat dies alles mit dem schreienden Säugling zu tun?

Der sich mit seinem ersten Schrei in die Welt integrierende Säugling ist das Ergebnis eines Willensaktes, des Willens, zu existieren und eine Idee zu manifestieren.

Um nachfolgende Gedankengänge verständlicher zu machen, lohnt es, sich die Vorbereitungen zum letzten Urlaub ins Gedächtnis zu rufen.

Wäsche, Kleider werden sortiert, Listen angelegt, Toilettenartikel ergänzt und Fehlendes wird noch eingekauft. Die Reiseunterlagen werden gesondert in Sicherheit gebracht, die Ausweispapiere wandern in die Handtasche in greifbarer Nähe des Geldbeutels, der alle notwendigen Währungen enthält. So sollte eine organisierte Urlaubsreise beginnen. Doch nicht jeder hält sich an diesen erprobten Plan. Je nach Veranlagung gestaltet sich die Vorbereitung mehr oder weniger chaotisch, ordentlich und penibel, oder, aufgrund zahlreicher Erfahrung (Reisejournalist) fast automatisch. Das, was alle miteinander verbindet, ist der Wille, in den Urlaub zu fahren und außerdem noch eine differenzierte Vorstellung, was vom Urlaubsort erwartet wird, abgesehen von den verhältnismäßig wenigen Menschen, die sich auf eine Fahrt ins Blaue einlassen.

Am Urlaubsort angekommen, kann sich logischerweise nur folgendes abspielen:

Entweder alles ist mehr oder weniger so, wie man es erwartet hat, oder nichts entspricht den Prospekten und den Versprechungen des Reisebüros. Nun kommt es auf den Charakter des Urlaubers an. Nimmt er das Dargebotene dankbar an, beschwert er sich, fordert er mehr, als im Preis inbegriffen ist, verlangt er Schadenersatz, zieht er sich schmollend in eine Ecke zurück, tobt er herum, um sich letztendlich beschwichtigen zu lassen, oder reist er sofort wieder ab?

Man könnte die Aufzählung sicher noch optimieren, für unsere Zwecke jedoch mag sie, als Symbol verwendet, ausreichend sein.

Sämtliche oben angeführten Reaktionen sind Folgen der Erfüllung oder Nicht-Erfüllung der individuellen Grundidee und der damit verbundenen Erwartung.

Dasselbe spielt sich in den ersten Monaten nach der Geburt eines Säuglings ab. Die unbewußt ständig existente Forderung: »Ist hier auch alles so, wie ich es benötige, um meine Vorstellung unterzubringen?«, führt zu den ersten Spannungen im interfamiliären Kreis oder Umfeld des Säuglings. Es bedarf eines intensiven und längeren Umgangs mit Neugeborenen, um festzustellen, daß scheinbare Adaptionsschwierigkeiten des Kindes nichts anderes sind, als ein Ausloten seiner Möglichkeiten. Dazu gehören: Akzeptieren des Tages- und Nachtrhythmus, Annehmen der Nahrung (Milchallergie!), Erzeugen von Krankheitssymptomen (die Skala reicht von Blähungen über Hautkrankheiten und Erbrechen bis zum plötzlichen Kindstod), unaufhörliches Quengeln und Schreien genauso wie die berühmte tägliche Schreistunde, die alle Mütter kennen. Ein unsichtbarer Machtkampf der besonderen Art hat begonnen. Auf der anderen Seite gibt es die in der Minderzahl vorkommenden Engelskinder, die sich mit sicht- und hörbarem Vergnügen füttern lassen, die nach acht Wochen durchschlafen, die bei allen Untersuchungen die Freude des Kinderarztes und der Mutter sind und schon nach wenigen Wochen mit bewußtem, also reagierendem Lächeln antworten und deren vokale Äußerungen sich auf reizende kleine Gurgel-, Quietsch- und Singsang-Laute beschränken.

Anhänger der Theorie, daß Kinder »ja noch nichts wissen und nichts dafür (?) können«, werden angesichts der beweisbaren Macht der Ur-Idee genauso ihren bisherigen Standpunkt verlassen müssen wie die Verkünder des Märchens, daß alle Kinder gut und unbeschriebene Blätter sind.

Jeder, der einigermaßen Erfahrung mit der Aufzucht von Tieren hat, weiß, daß z. B. in jedem Wurf junger Hunde ein oder mehrere völlig mißratene Exemplare sind, die schon von vornherein als gestört und prädestinierte Beißer vom Fachmann zu erkennen sind, was durch eine Miß-Konstellation bei der Zusammenstellung der Gene entstanden ist.

Ob es gefällt oder nicht: Beim Menschen spielt sich haargenau dasselbe ab. Zugegebenerweise nicht so früh erkennbar, da der Mensch, wie bekannt, kein Nestflüchter ist und die Eigenschaften erst im Zusammenspiel der sozialen Kommunikation sichtbar werden.

Am Kinderspielplatz zeigt sich dem interessierten und geübten Beschauer die Wahrheit und läßt ihm, so er die Geheimnisse kennt, mitunter still die Haare zu Berge stehen.

Leidensbereitschaft, Haß, Machtgier, Hingebefreudigkeit, Faulheit, Feigheit, Liebesfähigkeit, Falschheit, Heuchelei, ja die ganze Palette menschlicher positiver und negativer Eigenschaften bieten sich hier ungeschminkt und ungeschönt dar. Um der Wahrheit die notwendige Ehre zu geben: Es offenbaren sich vornehmlich die negativen Eigenschaften, die von mehr oder weniger aufmerksamen Aufsichtspersonen übersehen, korrigiert, schlechtestenfalls sogar akklamiert werden. Heißt das nun, daß der Mensch von Grund auf »schlecht« ist und nur von Ethik und Moral, Gesetz und Ordnung, Drohung und Strafe in Schach gehalten werden kann?

Die Antwort muß lauten: keinesfalls.

Doch warum sind dann die uns eher abstoßenden Eigenschaften scheinbar mehr ausgeprägt, sichtbar und praktikabel geworden?

Die Antwort ist: »Weil der erste Transporteur des Unternehmens Seelentransformation« die Begierde war und ist, welche eine unmittelbare Verwandte des animalischen Feldes »Trieb und Instinkt« darstellt, dessen materielles Erzeugnis, den Körper nämlich, wir, in Ermangelung einer anderen momentanen Möglichkeit in Anspruch genommen haben.

Die wesentlich fragileren Seelenanteile, welche die ewigen und edlen Ur-Ideen in sich tragen, können sich gegen diese anfängliche Übermacht zu Beginn nur teilweise durchsetzen.

Denn mit der Begehrlichkeit der Materialisation haben wir einen unsichtbaren Pachtvertrag unterschrieben, auf dem steht:

»Die Gesetze des Gastplaneten Erde sind auf jeden Fall strikt einzuhalten.«

Wenn eines Tages dieser Planet Erde seine Auflösung erfährt, dann wird in seinem curriculum vitae der Mensch eine ebenso kurzfristig aufgetauchte Erscheinung gewesen sein wie die Dinosaurier. Und selbst wenn der Planet nicht mehr existiert, sein Gesetz wird in aeternum bestehen; und sollte sich aus der dem Gesetz innewohnenden Idee jemals wieder ein ähnlicher Planet aus dem unendlichen Schoß des negativen Seins bilden, so wird seine Entelechie dieselbe sein wie jetzt.

»Schläft ein Lied in allen Dingen?«

»Schlummert die Seele in allen Menschen?«

Je fragiler die Anteile sind, die mitgebracht wurden, um so vorsichtiger müssen sie geweckt und ausgebildet werden. Je gröber die Anteile sind, um so eindeutiger müssen sie beaufsichtigt und im Zaum gehalten werden.

Dieser Vorgang wurde übrigens von Antoine de Saint-Exupéry meisterhaft in seinem »Kleinen Prinzen« dargestellt, einem Werk, dem Eugen Drewermann mit Recht den Rang eines prophetischen Aufrufs einräumt.

Wir erinnern uns mit Vergnügen an den sagenhaften kleinen Bewohner des Asteroiden B 612, der allmorgendlich eine regelrechte Planetentoilette veranstaltete, um schädliche Pflanzentriebe zu entfernen. Vor allem ging es dabei um die Sprößlinge des Affenbrotbaumes, der, wenn er nicht gleich zu Anfang erkannt und ausgerissen wird, den ganzen Planeten mit seinen Wurzeln durchdringt und ihn zuletzt sprengt.

Es bedarf keiner weiteren weisen Aufschlüsselungen und Erklärungen, was Saint-Exupéry damit gemeint haben könnte.

»Das Wesentliche ist für die Augen unsichtbar ...«

»Man sieht nur mit dem Herzen gut ...«

Saint-Exupéry läßt seinen kleinen Fuchs damit nicht sagen, daß nur das Herz imstande sei, Gutes zu sehen, sondern, daß die wesentlichen, unsichtbaren Dinge nur mit dem Herzen gut (im Sinne von genau) zu sehen sind, dem Herzen der Seele nämlich, welches die unverfälschte Ur-Idee ist – von vielen Mystikern und Philosophen auch als »Alter Ego«, als »Hohes Ich« verstanden, im Volksmund als »guter Kern« treffend gedeutet.

Der gute Kern wird vor ein riesiges Potential an genetischen Möglichkeiten aus der DNS-Helix seiner beiden Eltern gestellt und nimmt für sich die für ihn in Frage kommenden Anteile in Anspruch und zwar völlig entsprechend.

Daraus entstehen sein Charakter, seine Talente und sein Aussehen und noch einiges mehr. Nicht jedoch das, was wir als Persönlichkeit bezeichnen. Persönlichkeit ist nicht vererbbar.

Im Gegenteil: Es kommt viel öfter vor, daß die Kinder großer Persönlichkeiten eine völlig nichtssagende Ausstrahlung haben, als daß sich eine Kontinuität in der Übertragung des elterlichen Charismas zeigt. Ähnlich spielt es sich mit Talenten ab:

Hat man je von einem Sohn Mozarts, einer Tochter Rilkes oder eines Nachkommen Shakespeares gehört, der auch nur im Ansatz das Genie seines Erzeugers wiederholen konnte?

Fast scheint es, als hätten die Eltern ein bestimmtes Potential so gründlich verbraucht, daß für die Nachkommen aus diesem Feld nichts mehr zu holen, oder besser, nichts mehr zu aktivieren war. Scheinbar braucht es Generationen, bis sich die diesbezüglich verbrauchte Energie wieder auffüllt.

Wer also erwartet, daß, banal gesprochen, schöne Eltern schöne Kinder hervorbringen, der wird bitter enttäuscht werden.

Ebenso verhält es sich mit dem Charakter. Zu oft schon standen wir fassungslos vor den Dramen, die edlen, gütigen Eltern von ihren völlig verdorbenen Kindern bereitet wurden. Und wieder scheint es fast so, als hätten diese scheinbar verdorbenen Kinder sich ausschließlich das nicht gelebte, aber durchaus vorhandene Negativ-Material der Eltern »einverleibt«. Charakter ist nicht im voraus berechenbar und, entgegen aller wohlwollenden Mär, auch nicht veränderbar. Die Grundkonstellation ist im Moment der Beseelung des Körpers nicht zu wandeln, genauso wie gewisse körperliche innere und äußere Defekte. Manche davon sind so verheerend, daß jegliche Hilfe ein sinn- und erfolgloses Unterfangen darstellen würde und von Ärzten, die ihren hippokratischen Eid wirklich begriffen haben, mit allen nachfolgenden Konsequenzen als lebensvereitelnd eingestuft werden.

Wer jetzt das Thema »Euthanasie« zur Diskussion aufgerufen glaubt, dem sei gesagt, daß es hier um das Recht zu leben geht und nicht um den Zwang, dahinvegetieren zu müssen, und um die Wahrung der Würde menschlichen Daseins, die wirkliche Be-Wahrung. Wer jemals im Kreißsaal einen anenzephalen Körper in Händen gehalten hat, kann vielleicht nachfühlen, was gemeint ist.

Doch wie steht es mit der Seele und ihren Defekten, die bei der Geburt natürlich nicht erkennbar sind?

Wiederum kann man auf religiöse und esoterische Termini bei der Beantwortung dieser Frage verzichten und fast nimmt es wunder, daß in einer Zeit, in der die Technik bis zu Mondraketen und Internet herangereift ist, die Wahrnehmungsreife der ethischen Gesetze vergleichsweise in grauer Vorzeit stecken geblieben ist.

Jeder lebende Mensch stellt ein bei seiner Geburt vom Energiefeld dieser Erde akzeptiertes Potential dar und ist damit Teil eines Gesamtfeldes, einer Gesamtschöpfung. Es ist also völlig sinnlos zu glauben, daß eine Vernichtung des Körpers die Auflösung des fehlerhaften Potentials des Seelenkörpers bewirken könnte.

Im Gegenteil: Denn das Begierdenpotential bleibt konstant. So ergibt sich als logische Folgerung, daß die Auflösung ausschließlich über Erkenntnis stattfinden kann, welche, der Individualität des betreffenden Menschen entsprechend hilfreich und wissend vermittelt werden muß und soll.

Das in unserer Gesellschaft praktizierte »Umerziehungssystem« muß dahingehend als fehlerhaft, in bezug auf die immer noch existierende Todesstrafe sogar als kriminell angesehen werden.

Doch zurück zu unserem Säugling, von dem wir annehmen wollen, daß er sich dem Auge des Beschauers als »völlig normal« darbietet.

Die erste Zeit seines Lebens wird er ausschließlich von Trieb und Begierde geleitet, während sich das fragile Nervensystem mit ungeheurer Schnelligkeit ausbildet und ihm mit dem Wachsen des wesentlichen Teils des Rezeptionsapparates, des Gehirns, unentwegt Information vermittelt. Das Kind lernt, zu agieren, zu reagieren, paßt sich an, widersetzt sich und lernt so seine Willenskapazität (Macht) und damit die Möglichkeiten seiner Persönlichkeitsdarstellung kennen. Der erste wirklich große Schritt ist getan, wenn ein Kind gelernt hat, seinen Willen auf den eigenen Körper zu reflektieren: Es lernt, seine Schließmuskeln zu kontrollieren, und erfährt dafür Lob und Anerkennung. Diese erste Erfahrung der willentlichen Steuerung im Zusammenhang mit Funktionen des eigenen Körpers ist eine äußerst wichtige, von vielen Müttern und Pädagogen unterschätzte Vorbereitung auf das, was man die Trotzphase nennt.

Hier zeigt sich zum ersten Mal unverfälscht sowohl die Charakterstruktur, aber auch die Lernfähigkeit des Kindes. Es erprobt seine Stellung in dieser Welt und die damit verbundenen Möglichkeiten. Es nimmt sich wahr und will (und sei es mit Gewalt und Geschrei) wahrgenommen werden, und zwar – im Gegensatz zu früher – völlig gezielt und bewußt. In dieser Zeit bekommt das Gesamtenergiefeld des kleinen Menschen die erste, unverwechselbare Färbung durch die Ausbildung des Willens. Werden in dieser Zeit pädagogische Fehler gemacht, können sie später so gut wie gar nicht mehr korrigiert werden, was mit dem Titel des Liedes »The first cut is the deepest« umschrieben werden kann.

Es verhält sich wie beim Erlernen der Sprache. Wir können eine Sprache so perfekt wie nur irgend möglich lernen, dem geübten Zuhörer wird dennoch unsere wahre Herkunft nicht verborgen bleiben. Denn Sprache ist angewandte Energie, dasselbe gilt für den Willen. Die Verwendung muß jedoch genauso erlernt werden wie die Handhabung eines Messers oder eines Schreibstiftes. Das Fatale daran ist, daß über den Willen jegliche Energie transportiert wird, auch die, mit der dann das Messer oder der Schreibstift gebraucht werden sollen. Natürlich gibt es grundsätzlich rege (fleißig) und grundsätzlich träge (faul) veranlagte Menschen, die diese Veranlagung nie mehr grundsätzlich ändern werden, da sie charakterlich erzeugt ist (es sei denn, sie ist krankheitsbedingt). Wie bereits erwähnt, ist Charakter ein in seiner Grundkonstellation festgelegtes Gebäude. Doch wie bei jedem Haus ist auch hier durch fachkundige Innenarchitektur eine Verlagerung des Ungleichgewichts zu erreichen.

Dieses muß im Kindesalter geschehen, denn, wie erfahrene Psychologen und Pädagogen wissen, ist es nach dem 21. Lebensjahr dafür zu spät. Niemand ändert sich nach diesem Lebensabschnitt, der, dem »Gesetz der Sieben« folgend, die Entwicklung des Ich-, Du- und Wir-Verständnisses beinhaltet.

In dieser Zeit wird die Grundsätzlichkeit des Charakters ausgebildet und mit der Maske der Persönlichkeit dekoriert. Das Wort »Persönlichkeit« erzählt seine eigene Herkunftsgeschichte nur allzu deutlich. Im alten Rom war »persona« die Maske des Schauspielers, die das wahre Gesicht des Darstellers verbarg. Wenn heute ein Mensch »persönlich beleidigt ist«, dann ist er es meist deswegen, weil ein anderer seine Maske durchschaut und die Wahrheit dahinter gesehen hat.

War es vielleicht diese Wahrheit, das Schauen in den eigenen Abgrund, das den Jüngling in Goethes »Bildnis von Sais« nach Heben des Schleiers der Isis auf den Boden und in lebenslange Kümmernis geworfen hat?

Das Charakterdrama sogenannter großer Persönlichkeiten hat schon zu oft die Seele der Allgemeinheit erschüttert, enttäuscht und desillusioniert, so daß dieses Phänomen hier nicht noch einmal bewiesen werden müßte.

Wieviele Menschen sind daran zerbrochen (aber auch daran gewachsen), daß sie Elternteile hatten, die nach außen hervorragende und geschätzte Maskenträger waren, um sich dann in häuslicher Intimität als das zu offenbaren, was sie charakterlich wirklich waren.

Die Berechtigung der Differenzierung zwischen Charakter und Persönlichkeit wird vor allem in einfachen Lebenssituationen klar, wenn von einem dritten Menschen gesprochen und festgestellt wird, daß er zwar Charakter, aber absolut keine Persönlichkeit, oder genau das Gegenteil, eine umwerfende Persönlichkeit, aber absolut keinen Charakter habe.

Das wirkliche Mirakel aber ist, daß die Person in fast dämonischem Sinn um so anziehender von der Umgebung empfunden wird, je größer das Ungleichgewicht zwischen Charakter und Persönlichkeit wirkt.

Es wäre absolut unpassend, in diesem Zusammenhang Namen zu nennen, jedoch werden jedem sofort eine Unzahl von sogenannten Superstars einfallen, die uns in ihren Darstellungen edelster, gütigster und gerechtester

Menschen Tränen und Bewunderung entlockt haben, deren privater Lebenswandel dagegen bei Bekanntmachung gewisser Vorkommnisse schlichtweg die Nackenhaare des vormaligen Bewunderers sich sträuben ließ.

Eine Sammlung diesbezüglichen Beweismaterials könnte das Buch »Hollywood Babylon« darstellen, das die »Masken« reihenweise fallenläßt und mit geradezu voyeuristischer Akribie Kunde gibt von den Abgründen menschlicher Charaktere.

Hätte Kortner dieses Buch gelesen, hätte er wahrscheinlich darüber gesagt: »Selten so unter Niveau schockiert gewesen!« Letztendliche Erkenntnis wird am Ende aller Suche und Vergleiche diese sein: Vollkommen ausgeglichene Menschen, im Sinne von völliger Harmonie der Persönlichkeit und des Charakters, sind wahrscheinlich nur in den Reihen Heiliggesprochener zu finden, denen wir zwar unendliche Bewunderung, ja sogar unser Vertrauen schenken, mit denen wir aber, Hand aufs Herz, lieber nicht gemeinsam durchs Leben schreiten würden.

Fazit: Je diffiziler sich die Zusammenstellung des Seelenfeldes und des Körpers gestaltet, je höher das Bewußtseinspotential entwickelt ist, um so mehr steigt die eigene bewußte oder unbewußte Charaktererkenntnis. Aus dieser Erkenntnis erwächst genauso bewußt oder unbewußt die Verschleierung oder Hervorhebung der Eigenschaften durch gezielte, nach außen gerichtete, zweckbetonte demonstrative Verfremdung.

So stellt sich heraus, daß alle großen Persönlichkeiten entweder intelligente oder sehr schlaue Schauspieler sind, also im Grunde wandelnde Trugbilder. Wie war das doch vorher mit Platon und seiner Ideenlehre?

Da war doch die Rede von den trügerischen Erscheinungsbildern, jenseits der Ur-Idee!

Hier ist des Pudels Kern: Diese Welt ist bis zum Rande vollgefüllt mit Trugbildern! Denn nichts und niemand repräsentiert unverfälscht sein Ur-Bild. Warum?

»Panta rhei« würde Heraklit leise murmeln und hätte damit in das Auge des Orkans gefaßt. Denn sage doch einer: Welchen Grund gäbe es für eine unverfälschte Ur-Idee, sich in die Materie zu begeben?

Wasserstoff bliebe Wasserstoff, Sauerstoff hätte auch keine Allianz nötig, und so gäbe es nie ein Pflänzchen Grün auf dieser Erde, die selbst dann logischerweise nie hätte entstehen können.

Das Universum ist ein niemals endendes gewaltiges Pokerspiel, mit äußerst genauen Spielregeln und gewaltigen Einsätzen. Die Erde dürfte eine der dunkelsten Spielhöllen im ganzen System sein, mit Tausenden und Abertausenden von Verlierern, Abzockern, Bluffern, scheinbar Hilfreichen, welche die anderen von der Nutzlosigkeit des Spiels überzeugen wollen, und den ewig Gierigen, die gelernt haben, System zu spielen, um damit die anderen zu unterdrücken.

Viele haben das Spiel längst durchschaut, aber wie ein Spieler, ein Trinker, ein Süchtiger kann der Verlockung, die in diesem Fall Leben heißt, nicht widerstanden werden.

Die wirkliche Befreiung kann nicht über die Selbstkasteiung, die mühsam geübte Entsagung funktionieren, sondern nur über das Erkennen des Systems und das legale Verwenden aller Mittel, um von ihm nicht mißbraucht, verbraucht und verschlungen zu werden.

Das weise »Erkenne dich selbst«, das über dem Eingang des Tempels von Delphi zu lesen war, ist die beste Anleitung, denn in dieser lapidaren Empfehlung ist das Wissen enthalten, daß der Mensch ein Hologramm oder

Holoid des ganzen Kosmos ist, eine Eigenschaft, die als Holonomie bezeichnet wird. Das ganze Universum spiegelt sich im Menschenkörper wider, der in dieser Ganzheit seine Identität ausdrückt, welche in einem bestimmten Raum und zu einer bestimmten Zeit stattfindet.

Diese Identität, die durch sämtliche Anteile des Körper- und Seelenfeldes zustandekommt, kann als ganz bestimmtes und unverwechselbares Muster rhythmischer Schwingungen und Wellen bezeichnet und erkannt werden, in einer Einmaligkeit, die dem menschlichen Daumenabdruck ähnlich ist.

Das Zusammenwirken all dieser Komponenten bewirkt das, was wir als »Ausstrahlung« oder »Abstrahlung« eines Menschen im ersten Moment empfinden, in den ersten Sekunden des Kennenlernens, die in der Beurteilung so ungeheuerlich wichtig sind, denn nur solange der erste unbewußte Identifikations-Rapport stattfindet, wird unverfälschte Information des Feldes ausgestrahlt – aus einem bisher weniger bekannten Grund: Der Identifikationsvorgang fordert die fokussierte Konzentration des Gesamtsystems, und läßt so keinerlei Energie für den Vorgang des Persönlichkeitsschauspiels zu, oder einfacher ausgedrückt: Der Schauspieler lernt gerade Text, er kann dabei nicht gleichzeitig Othello oder Don Carlos spielen. Vergleiche mit dem balzenden Auerhahn, der nichts hört, während er singt, muten zwar weithergeholt an, sind aber dennoch statthaft.

Da sich unser gesamtes Schicksal durch das Zusammenwirken von Energiefeldern anderer Menschen und unsere Bereitschaft, diese zu akzeptieren oder abzulehnen, gestaltet, ist es von Nutzen, die Geheimnisse dieser ersten Sekunden zu erforschen, um zu verhindern, daß man, meist viel zu spät, mit Schmerz oder Ärger erkennen muß, daß man zum wiederholten Mal einem imposanten Cäsar, der vollendet einen sensiblen Hamlet spielt, aber in Wirklichkeit eine lächerliche Nestroygestalt ist, auf den Leim gegangen ist.

Woraus ergibt sich diese fatale Bereitschaft, wie ein Fremdgesteuerter sich immer wieder auf die gleichen mißlichen Personen und die damit verbundenen Negativprogramme einzulassen?

Und wie kommt es, daß es Menschen gibt, die den goldenen Griff des Midas anscheinend unentwegt für sich gepachtet haben? Darüber wird das nächste Kapitel Auskunft geben.

Das Partnerschafts-Mischfeld

Wer die Geschichte dieser Welt mit wachen Augen betrachtet, der wird feststellen, daß zu ganz bestimmten Zeiten an ganz bestimmten Orten komprimiert auffallend eigenartige, außergewöhnliche und geniale Menschen auftauchen, die epochemachend ihr Talent demonstrieren und manifestieren und ihrer Zeit einen charakterlichen Stempel aufdrücken.

Ein solcher Zeitabschnitt fand gegen Ende des 19. und Anfang des 20. Jahrhunderts statt. Zahlreiche damals entstandene Ideen und Theorien sind unübertroffen wirksam und sichern die Grundlagen des Fortschritts von Medizin, Wissenschaft, Philosophie und Technik bis in die heutige Zeit.

Auffallend war, daß sich vor allem in Wien geniales Geistespotential schon in frühester Jugend äußerte (siehe z. B. vorher erwähnten Physiker Wolfgang Pauli), um dann eine sichtbare Zerrüttung und einen frühen Tod zu bewirken.

Eines dieser seltsamen Kinder jener Zeit war ein Philosoph namens Otto Weininger, der, würde er heute leben, der Lieblingsfeind von Alice Schwarzer wäre.

Weininger behauptete schlichtweg, daß alles Schlechte der Welt vom Weiblichen repräsentiert würde. Dieser Erkenntnis verdanken wir sein Buch »Geschlecht und Charakter«, ein umfangreiches Werk, das im Jahre seines selbst herbeigeführten Todes – er erschoß sich 1903 im Sterbehaus Beethovens zu Wien – erschien und ein bespielloses Aufsehen und unzählige, bis zum Duell führende Kontroversen auslöste. In diesem, für reife und urteilsfähige Leser sicher interessanten Buch, findet sich im dritten Kapitel, das von den Gesetzen der sexuellen Anziehung handelt, eine zumindest interessante Konklusion: »Zur sexuellen Vereinigung trachten immer ein ganzer Mann und ein ganzes Weib zusammenzukommen, wenn auch auf die zwei verschiedenen Individuen in jedem einzelnen Fall in verschiedenem Verhältnis verteilt«, heißt es da und wenige Zeilen später: »Jedes Individuum hat so viel Weibliches, als ihm Männliches gebricht.«

Aus dieser Erkenntnis heraus folgert Weininger, daß jeder danach strebt, einen Partner zu finden, der »diesen Bruchteil an Männlichem zum Ganzen zur Einheit komplettiert«.

Die Rechnung scheint einfach: Ich gebe dir, was du nicht hast und lasse mich dafür von dir mit den mir fehlenden Anteilen ausstatten.

Die dafür stehende Formel sieht bei Weininger wie folgt aus: Es habe z. B. ein Individuum 3/4 M, also 1/4 W. Dann wird sein bestes sexuelles Komplement nach diesem Gesetz jenes Individuum sein, welches sexuell folgendermaßen zu definieren ist: 1/4 M, also 3/4 W. Überlegungen, ob man Weininger den Selbstmord hätte ersparen können, wenn man ihm empfohlen hätte, oben erstellte Gesetze und Formeln nicht als rein auf die Sexualität bezogen anzusehen, kommen für den Wiener Juden mehr als neunzig Jahre zu spät.

Doch bei unserer Suche nach den morphischen Mischfeldern, die Menschen miteinander erzeugen können, könnte diese Überlegung durchaus von Nutzen sein.

Tatsächlich kommt man dem Geheimnis nur durch Überlegungen über das urtypisch Männliche und Weibliche näher, welche, wie alles andere ja auch, »nur« Ur-Ideen sind.

Ein kurzes Nachdenken über die Polarität und ihre mögliche Ver-Ur-Sachung ist also durchaus angebracht. Betrachten wir deshalb einmal intensiv, was wir in heutiger Zeit als »typisch weiblich« ansehen, und zwar generell: Runde, weiche Formen, Mutter, Schmuck und Tand, Häuslichkeit, Geburt, Sopran, Prostitution, Klatsch, List und Tücke, Haushalt (im Sinne von Hüten des häuslichen Feuers und Herdes), Eizelle, erhaltende Pflege, intuitives Erahnen, Mond usw. Dieser mit Absicht völlig ungeordneten Aufzählung steht das gegenüber, was wir als »typisch männlich« empfinden: Harte, eckige Formen, Vater, Technik, Expansion und Exekutive, Verhandlung, Zeugung, Jagd, Krieg, Zuhälter, Mathematik und Logik, Samen, Dirigent, Erfindung und Zerstörung, abstraktes Denken, Sonne usw. Natürlich ist die eine Auflistung so unvollständig wie die andere und sicherlich gibt es auch Hausmänner und Dirigentinnen.

Aber, nach wie vor sind diese, im Gegensatz zur Meinung wohlmeinender Feministinnen, nicht geschlechtstypisch. Emanzipation hin oder her, sowohl Kindergärtner als auch Rennfahrerin werden immer einen gewissen Einhorn-Status genießen. Und das wird sich – diese Behauptung darf durchaus bei Betrachtung der Geschichte gewagt werden – niemals ändern.

Es hat immer Mutationen gegeben, doch, wie beeindruckend diese auch gewesen sein mögen, sie waren temporär immer begrenzt.

Die Erklärung dafür ist einfach: Die Polarität ist ein Gesetz und ihre Befolgung gehört zu den wesentlichen Bestandteilen des Wunders Menschwerdung.

Die Ur-Idee ist also: Positives muß mit Negativem zusammentreffen, um schöpfungsmächtig werden zu können.

Die Ur-Idee des rein Weiblichen besteht darin, durch Vorhandensein eine Aktion herauszufordern, also scheinbar zu reagieren, während es die Ur-Idee des Männlichen ist, auf das Vorhandensein des weiblichen Gegenpols mit verstärkter Energie zu reagieren, also scheinbar aktiv zu sein, um so mit dem Weiblichen zusammen schöpfungsmächtig zu werden, das Sonne-Mond-Prinzip also. Wie klingt es, wenn man dem »Volk aufs Maul schaut«?

»Die Frau ist der Macher« und »Hinter jedem großen Mann steht eine starke Frau«. Wie wahr, wenn man bedenkt, daß die beiden wichtigsten Bestätigungen des Mannes als solchem durch eine Frau erfolgen – und zwar bei der Geburt und später bei seinem ersten Geschlechtsakt.

Das Gesetz will, daß der Mann Felder, Reviere erzeugt und daß die Frau diese annimmt und erhält.

Das ist die wahre Gleichberechtigung – und niemand kommt dabei zu kurz, denn er wird durch dieses Gesetz in seiner eingefleischten Darstellung der höchsteigenen Ur-Idee bestätigt und damit optimal aktionsfähig.

Die Ur-Idee zeigt sich in der Akzeptanz eines weiblichen oder männlichen Körpers. Wäre die Grundbegierde, wären die Grundanteile nicht dahingehend eindeutig orientiert und konditioniert, käme eine diesbezügliche Vermischung von Körper- und Seelenpotential gar nicht zur Vollendung, sprich Geburt.

An dieser Stelle muß der Versuch einer Erklärung bezüglich zur Homosexualität und der Transsexualität erfolgen.

Zu ersterem sei, dem Gesetz des »Gleich und gleich gesellt sich gern« (schließt sich gerne an) entsprechend gesagt: Vorwiegend weibliches Seelenpotential wird sich immer mit weiblichem Körpermaterial vermischen. Vorwiegend männliches Seelenpotential wird sich immer mit männlichem Körpermaterial vermischen.

Es besteht also immer eine klare Tendenz, welche die Verkörperung in die eine oder andere Richtung erkennen läßt.

Diese Tendenz entspricht der persönlichen Ur-Idee, die materialisiert werden will.

Im Moment der Materialisation entscheiden sowohl das Bewußtsein und die Urteilsstärke, als auch das Willens- und Begierdenpotential, welcher Körper, welches Geschlecht gewählt wird.

Diese Wahl stellt die vollkommene momentane Entsprechung dar.

Die Entsprechung repräsentiert nicht unbedingt die grundsätzliche Tendenz, sondern den Grad der Reife des Bewußtseins des Seelenkörpers.

Ein Seelenkörper mit reifem Bewußtsein wird sich unbeirrt immer seiner grundsätzlichen Tendenz entsprechend materialisieren.

Ist die Tendenz in vollkommenem Bewußtsein und in vollkommener Gleich-Gültigkeit aufgelöst worden, was den höchsten Reifegrad darstellt, wird das Geschlecht des Körpers bewußt (frei-willig) nach der momentan allgemeinen Not-Wendigkeit entsprechend ausgesucht.

Besteht jedoch keine ausgesprochene Tendenz wegen mangelnder Willens- und Urteilsfähigkeit (schwaches, unvollkommenes Bewußtsein), so übernimmt wieder der Begierdenkörper die Steuerung, und es wird ein Körper mit den Qualitäten und dem Geschlecht beseelt, der dem momentanen Status quo des Seelenkörpers entspricht und damit seiner eigenen Idee.

Wenn sich ein Mensch nachträglich veranlaßt sieht, diese seine eigene Idee und damit das Gesetz zu negieren, so sind die Gründe zu 90 % im nachgeburtlichen Erleben und Verstehen zu finden. Wird die Mühe und Sorgfalt nicht aufgebracht, die Gründe der Verneinung der eigenen Idee und Existenz in diesem Bereich der Ich-Darstellung aufzuklären, so läßt man den Menschen den schweren Weg einer selbst-konträren Schicksalserfahrung gehen, die, wie eigene und kollegiale Erfahrungen über viele Jahre zeigen, typische Krankheitsbilder und Neurosen erzeugt.

Die eigene Idee will gelebt werden, will sich materialisieren, darstellen, sich entwickeln, Bestätigung erlangen; der Mensch will geliebt sein, bevor er sich selbst liebt.

Denn durch Geliebt-Werden erlernt man die Liebe.

Uns allen sind männliche und weibliche Anteile mitgegeben, einverleibt, doch nicht zur Verwendung gegen uns selbst. Leider ist nur wenigen Therapeuten das nicht erlernbare Talent gegeben, die persönliche Ur-Idee bei dieser Zerreißprobe zu aktivieren und zu erwecken. Leichter ist es natürlich, den Betroffenen in der Unbedenklichkeit seiner Handlungen zu bestärken, die immer als ein Entwicklungsprozeß, ein Suchen, ein Erproben angesehen werden müssen, niemals jedoch als finaler Status.

Es ist wahrscheinlich und auch logisch, daß sich die Menschheit auf einen Androgyn-Status zubewegt. Doch um diesen zu erreichen, müssen erst »andros« (Mann) und »gyne« (Frau) vollkommen begriffen werden, miteinander Frieden schließen und daraufhin zuerst im Seelenbereich eine gemeinsame Kraft erzeugen, welche allein wiederum die Materie befähigen kann, androgyne Körper zu erzeugen. Homosexualität kann also der Weg nicht sein.

Bleiben noch die Gründe aufzuführen, die eventuell zu einer Transsexuellen-Problematik führen könnten: Davon ausgehend, daß jede Idee sich in ihrer Darstellung nach der Wahrnehmungsmächtigkeit ihres Umsetzers richtet, ist jede Form der Übertragung in die Materie vor allem eine Frage des Bewußtseins. Ist dieses im Seelenpotential noch nicht voll erwacht oder durch irgendwelche Umstände gestört oder getrübt, ist es vorstellbar, daß die Ausstrahlung des Seelenkörpers so undifferenziert ist, daß eine fehlerhafte Körperidentifikation erfolgt.

Wir erleben solche Vorgänge täglich am Bahnhof: Jeder weiß genau, wohin er will. Aber immer gibt es jemanden, der entweder aus Unerfahrenheit, Verwirrung oder Eile in den falschen Zug gerät. Im Unterschied dazu ist nach dem Betreten des Menschenkörpers ein nachträgliches Umsteigen nicht ohne weiteres möglich. Die Statistik und die nachträglichen Befragungen und Beobachtungen der Personen, die einen geschlechtsbezogenen »Umstieg« gewagt haben, ergaben, daß in den seltensten Fällen die erwartete Befreiung erreicht wurde.

Der Irrtum beruht vor allem darauf, zu glauben, daß die Darstellungen typischer Weiblichkeit und Männlichkeit sich vor allem über die primären Geschlechtsmerkmale darzustellen haben, was auf die generelle Überbewertung des Sexuellen und die Fixierung auf den Geschlechtsakt und der damit verbundenen erwarteten Befriedigung zurückzuführen ist, wie von den verschiedensten Medien weltweit suggeriert wird.

Für die Erstellung morphischer Mischfelder spielen vorangegangene Überlegungen nur insofern eine Rolle, als daß sie die allgemein geglaubte und verbreitete Fehlannahme bestätigen, daß es der visuelle Eindruck ist, der uns zum Partner unserer Träume führt. Die Wahrheit ist, daß sich das Geheimnis der Partnerfindung über wesentlich subtilere, weil unsichtbare Vorgänge, abspielt.

Ohne bewußte Wahrnehmung senden wir dennoch unentwegt Signale aus, deren Intensität aus der bisherigen Erweckung der Seelenfelder und ihrer Verwendung im Leben resultiert, also aus dem, was akzeptiert und abgelehnt wurde.

Hat ein Mann, um ein Beispiel zu nennen, unterschwellig immer bestimmte Handlungen oder Eigenschaften seiner Eltern oder ersten Bezugspersonen abgelehnt, wird er, so unerklärlich das auch scheint, immer an Partner geraten, die genau diese Handlungen präsentieren und praktizieren. Dieses Paradoxon rührt daher, daß die Darstellung anderer, die wir der Natur nach lieben sollten (das fünfte Gebot!), nicht immer als rechtmäßig oder angenehm empfunden werden kann, diese Empfindung aber gleichzeitig, je nach Qualität des Charakters, nicht ins Bewußtsein übernommen werden kann und ins Unterbewußte abgedrängt wird. Dort baut sich ein Spannungsfeld zwischen dem eigenen Rechtsempfinden und der als notwendig empfundenen Akzeptanz auf, welches, je länger es verschleiert und beschönigt wird, sich intensiviert und, wiederum je nach Art des Charakters, nach einiger Zeit zur Deprimierung oder Aggressivierung führt.

Dies ist nichts anderes, als die hundertmal erlebte Geschichte des Mannes, der zum Quäler, schlimmstenfalls zum Mörder seiner Frau wird, aber in Wirklichkeit eigentlich seine angeblich so geliebte Mama umzubringen versuchte, deren Eigenschaften von der ahnungslosen Partnerin tagtäglich reproduziert wurden.

In dem unseligen Feld, das sich zwischen dem Mann als Bewahrer des Aggressionspotentials und dem von ihm praktisch herausgeforderten, von der Frau dargestellten, abgelehnten Mutterpotential ergibt, wird sich mit der Zeit der gleiche Druck wie in einem Dampftopf erzeugen, der dann zu den scheinbar unverständlichen und angeblich nicht vorhersehbaren Greueltaten führt, die wir alle aus den Medien kennen.

Wie oft konnte man auch beobachten, daß der Schuldige sofort nach der Tat weinend zusammenbrach oder sich in Verzweiflung das Leben nahm, weil er sich seine eigene Tat nicht erklären konnte und die verborgenen Mechanismen, die zu dieser Fehlleistung führten, natürlich nicht durchschauen konnte.

Die Mutter, die als unsichtbarer Herrscher des Mittelfeldes an der Katastrophe eindeutig beteiligt ist, wird natürlich als Partizipant daran weder erkannt, noch zur Rechenschaft gezogen. In der Regel sind es dann ausgerechnet diese Mütter, die dann schmerzerfüllt und unter Beteuerung, daß sie alles, aber auch wirklich alles getan hätten, um ihr Kind zu einem »anständigen« Menschen heranzuziehen, zusammenbrechen.

Wer aber ist nun wirklich »schuld« an dem Disaster, das ja, wie schon erwähnt, einem unsichtbaren morphischen Mischfeld entwachsen ist?

Die Antwort klingt maßlos ungerecht?

Alle drei: der Mann, die Frau und die Mutter gleichermaßen.

Der Mann, weil er der Unterdrückung nachgegeben hat; die Frau, weil sie den wahren Charakter des Mannes nicht erkennen wollte; und die Mutter, weil sie die Unterdrückung jahrelang unter dem Mantel der Liebe erzeugt hat.

Auf der anderen Seite: Keiner ist wirklich »schuldig«, denn Mann und Frau waren, bedingt durch ihren Charakter, Ausgelieferte, während die Mutter sicherlich das »Beste« für ihren Sohn wollte.

Aus dem Knecht erkennt man den Herrn ... »Drum prüfe, wer sich bindet« und nicht nur sich selbst, sondern auch das Umfeld, dem der begehrte Partner entstammt.

Das Dilemma liegt jedoch noch viel tiefer. Genauso, wie in jedem Menschen ein Bild von dem schlummert, was er werden soll, so trägt er auch in sich eine dezidierte Vorstellung von dem, was er als Partner wünscht.

Dieses Wunschbild setzt sich aus vielen Begehrens- und Entsprechungsanteilen zusammen, die nicht nur in der nachgeburtlichen Existenz zu finden sind.

Im Augenblick der Beseelung des bezeugten Körpers materialisiert sich nicht nur die Idee, die Erwartung, wie der werdende Mensch sich selbst in dieser Welt darzustellen wünscht, sondern vor allem auch die Vorstellung, von wem er wahrgenommen, geliebt und bestätigt werden möchte: Er kennt die zweite Stimme, die sein Lied in harmonische Schönheit bringen könnte.

Doch nun bringt es das Leben mit sich, daß sich vom Moment des Einbringens der Idee in einen Körper bis zu dem Zeitpunkt, an dem sich die Idee definitiv realisieren lassen könnte, eine lange, ereignisreiche Spanne abspielt. Und so wird mancher »Ton« im Lebenslied vergessen, verfälscht, zu laut oder zu leise »gesungen«. Tief im Inneren aber schlummert das »Original« und sehnt sich nach seiner Erweckung. »Jeder Mensch fängt an zu klingen, triffst du nur das Zauberwort ...«

Herr von Eichendorff wird angesichts des unverfälschten Wahrheitsgehaltes mit der Veränderung seiner wunderschönen Originalzeile Nachsicht üben.

Es wäre nun natürlich am einfachsten, von Liebe zu sprechen, die angeblich alle Schranken überwindet, alle Geheimnisse erahnt, alle Verfehlungen verzeiht und alle Wunden heilt. Doch damit gerieten wir weitgehend in das

Fahrwasser des positiven Wunschdenkens, das auf dieser Erde wahrlich nicht nur Gutes angerichtet hat.

Das Eichendorff'sche Zauberwort hat eher mit gleichgültigem, wohlwollendem Wahrnehmen zu tun, als mit dem, was landläufig so gern als »Liebe« bezeichnet wird.

Im Laufe der Sprachentwicklung haben manche Wörter mit den Jahrhunderten eine regelrechte Inflation erfahren, wie eben das Wort »Gleichgültigkeit«. Dieses ursprünglich im Sinne von »gleichartig«, »gleichwertig« verwendete Verb ist in unserer Zeit zu einem »unbedeutend«, »desinteressiert« abgewertet worden, was um so bedauerlicher ist, weil sich in diesem Wort die hohe Anforderung aus der Bergpredigt verbirgt: »Liebe deinen Nächsten wie dich selbst.«

Im gleichen Maße, wie die Potentiale der Wissenschaft und Technik expandierten, verkümmerten, so scheint es zumindest, die natürlichen Fähigkeiten der Selbst-Wahrnehmung, was in der Folge zu einer Diffusierung der Wahrnehmung des Nächsten führen mußte. Das logische Endergebnis ist ein verschwommenes Misch- oder Mittelfeld, welches aufgrund fehlender Eigendynamik um so leichter von außen zu steuern, also zu beeinflussen ist. Was geschieht nun tatsächlich, wenn sich zwei Menschen gegenübertreten?

Die Frage ist nur dann einwandfrei zu beantworten, wenn zu Beginn des Versuches einer Erklärung die Differenzierung des Begehrens und der Zweckmäßigkeit des Hintergrundes des Treffens beachtet wird. Es ist dabei völlig sekundär, ob die Zusammenkunft scheinbar zufällig oder geplant zustande gekommen ist. Wie vorher bereits erwähnt, senden wir unbewußt unentwegt Signale aus, die von anderen genauso unbewußt empfangen werden und bestimmte Reaktionen auslösen, welche in ihrer Eindeutigkeit vom Faktor Instinkt unterstützt werden (Körpersprache).

Es ist beinahe belustigend zu beobachten, wenn an einem Ort, an dem sich mehrere Menschen beiderlei Geschlechts versammelt haben (Restaurant, Theaterfoyer, Wartezimmer usw.), ein scheinbar vollkommenes Exemplar menschlicher Begierde auftaucht, also eine sogenannte attraktive Frau oder ein »gutaussehender« Mann. Ab sofort beginnen sich im Wahrnehmungsbannkreis von drei bis fünf Metern sämtliche Personen überwiegend weiblicher bzw. männlicher Genese nach dem Standort des neu Hinzugekommenen zu orientieren. Stand- und Spielbeinstellungen werden verändert, Haare werden zurückgeworfen, Zigaretten werden angezündet, Kleider werden zurechtgerückt, und es wird mehr oder weniger unverhohlen taxiert. Würde man die Leute darauf ansprechen, wäre ein verständnisloses Schütteln des Kopfes noch die mildeste Form der Reaktion. Die meisten würden sich absolut düpiert fühlen, wie Kinder, die man gerade beim gedankenverlorenen Nasebohren erwischt hat.

Ob peinlich oder belustigend – es dirigiert der animalische Instinkt. Hier wirken, ob wir es akzeptieren wollen oder nicht, die Relikte unserer tierischen Vorfahren, deren Körper wir bis zum Tennisweltmeister und zur Primaballerina emporevolutioniert haben.

Eine, mit einem begnadet scharfen Auge und einer ebensolchen Menschenkenntnis ausgerüstete deutsche Schauspielerin sagte einst anläßlich des vorher beschriebenen Vorgangs, bei dem ein exzellent aussehender Mann die Szene betreten hatte, in umwerfender Treffsicherheit: »Eben ist ein optimales Zeugungsorgan erschienen!« Das Frappierende aber war: Sie stand mit dem Rücken zum Vorgang.

Sie hätte wahrscheinlich ähnlich Passendes von sich gegeben, würde es sich um eine entsprechende Dame gehandelt haben.

Das ist der Beginn des Spiels bei ungeplanten, zufälligen Treffen. Nehmen wir nun einmal an, daß der oben beschriebene gutaussehende Herr ohne Damenbegleitung erschienen ist und sich niemandem offensichtlich zugesellt, er also ein Unbekannter, ein Neuzugang ist. In Zukunft können Sie Wetten abschließen oder Ihr Dasein mit dem Ruf eines Hellsehers schmücken:

Innerhalb der nächsten zehn Minuten wird irgendeine Dame in der nächsten Nähe entweder etwas fallenlassen, ausrutschen, mit einer nichtangezündeten Zigarette hilfesuchend um sich blicken oder sehr laut lachen. Gerät der Begehrte in die Nähe einer unbemannten Frauengruppe, kann man ebenso erwarten, daß er mit Bemerkungen oder Fragen in die Unterhaltung einbezogen wird.

Nicht uninteressant ist dabei, wie die Männer reagieren. Ob in Begleitung oder nicht:

Der Neuankömmling wird mit einem kurzen, scharfen Blick taxiert und dann – wieder kann gewettet und hellgesehen werden – kommt die Gegentaxierung, ein tiefes Atemholen, ein manchmal fast unmerkliches Zurückziehen der Schultern, ein Blick an sich selbst herunter, gefolgt von einem leichten Anheben des Kinns. Das ist alles, was vom Imponiergehabe des Pfaus, des Platzhirsches und des rana ridibunda (17 cm langer Seefrosch) übriggeblieben ist. Vergleiche, die Damen betreffend, unterbleiben selbstverständlich der Höflichkeit halber.

Betritt nun eine, in der Attraktivität vorher beschriebenem Herrn in nichts nachstehende Dame unter gleichen Umständen den Raum, teilen sich, was die Herren betrifft, die Anwesenden in zwei Gruppen. Die eine Abteilung rekrutiert sich aus den Herren in Begleitung, die andere aus denen, die entweder allein gekommen sind oder in Pflichtbegleitung, wobei individuelle Deutungen des letzten Begriffes durchaus gestattet sind. Vorausgesetzt, alle Mitglieder der Gruppe 1 (Herren in Begleitung) sind vollendete Kavaliere, dann wird sich folgendes Schauspiel darbieten:

Der Kopf dreht sich ungefähr eine Sekunde in Richtung der fremden Dame, dann zurück zur eigenen Begleitung, dann sofort wieder für einen kurzen Augenblick der Bestätigung des ersten Eindrucks in die entsprechende Gegenrichtung, um dann sofort wieder voll und ganz Position in Richtung Partnerin einzunehmen.

Das erste, schnelle Zurückdrehen des Kopfes wird von den Frauen oft zu unrecht als Vorsichtsmaßnahme, im Sinne von »Bemerkt sie, daß ich schaue?« gedeutet. In Wirklichkeit ist dieser scheinbare Check-up ebenfalls ein animalisches Überbleibsel, verblieben vom Vorgang der gegenseitigen Fell- und Gefiederpflege, was nichts anderes signalisiert als »Alles in Ordnung, Liebste – aber ein bißchen Information muß sein.«

Die zweite Gruppe (Herren ohne Begleitung) hat bei weitem weniger Ritualverhalten aufzuweisen: Sie fixiert unverhohlen. Was sich dann abspielt, hängt im Gegensatz zum männlichen Gegenpart ausschließlich vom Verhalten der unbekannten Schönen ab, denn, wie wir bereits wissen: Die Frau ist der Macher!

Von den anwesenden Frauen wird die »Neue« solange aufs Korn genommen, bis feststeht, ob sie als Konkurrenz in Frage kommt oder nicht. Ist das Ergebnis negativ, wird kein weiterer Blick verschwendet. Andernfalls teilt sich die Wahrnehmung in zustimmende Bewunderung und

Neugier oder verstecktes Konfrontieren (hat die vielleicht etwas, das ich nicht habe?).

Diese Beispiele sind, wie Sie längst festgestellt haben, absichtlich etwas demonstrativ gestaltet worden. Dies geschah, um zu erklären, wie ein typischer Felderzeuger und ein nicht minder typischer Feldeinsteiger oder Feldhalter aussehen. Auf die Welt der Filmindustrie übertragen könnte man zur ersten Spezies Männer wie Robert Redford, Richard Gere und Sean Connery, zur zweiten Frauen wie Sophia Loren, Michelle Pfeiffer und in memoriam Marilyn Monroe zählen. Im ganz normalen Leben genügt für die erstere Abteilung jeder Mann, der an sich auch nur den Hauch von Erfolg, Wohlstand und Macht (sehr gerne auch Modell »einsamer Wolf«) hat, während in der Frauenriege nach wie vor Sex Appeal, Sex Appeal und Sex Appeal geschätzt wird.

Diese Aussage ist nicht mit dem geringsten Hauch persönlicher Ansicht versehen, sondern die reine Statistik. Hier sind wir wieder beim Typisch-Männlichen und Ewig-Weiblichen angelangt – aber leider nur, was das rein Körperliche anbelangt.

Wenn es dann so einfach wäre, daß alle Männer nur ein bißchen Eigenheim und Abteilungsleiter-Qualitäten anzubieten bräuchten und alle Frauen genügend körperliche Vorzüge, dann wäre die Welt um ein paar Probleme ärmer.

Tatsache ist, daß die eben erwähnten Vorzüge natürlich auf der Wunschliste ganz oben stehen, aber die Mehrzahl weiß, daß die Realität ganz anders läuft.

Lassen wir doch einmal zum Spaß den vorher beschriebenen Super-Mann und die Traum-Lady am selben Abend, am gleichen Ort und zur gleichen Zeit aufeinander gestoßen sein und lassen wir ein wenig unsere Phantasie, aber auch unsere Erfahrung spielen: Es kann angenommen werden, daß der Mann auf die Signale der Frau reagiert, ihr eine Zigarette, ein Glas Sekt oder auch »nur« ein Gespräch anbietet und die beiden sich nun in angemessenem Abstand gegenüberstehen. Dann könnte sich z. B. herausstellen, daß sie seine Stimme als nicht angenehm, den Geruch des After-Shave als zu aufdringlich, die Konversation als zu schleppend empfindet; und die Mitteilung, er sei bei der XYZ-Airline beschäftigt, aber leider nicht als Chef und auch nicht als Pilot, macht die Chancen nicht gerade größer.

Umgekehrt könnte er feststellen, daß sie ungepflegte Fingernägel hat, nach jedem dritten Satz mit der Zunge ein leises Schnalzen erzeugt und daß sie seit drei Wochen auf Wohnungssuche ist, weil ihr wegen ihrer zwei sehr lieben, aber lebhaften Kinder gekündigt worden ist.

Bewußt wurden wieder nur Äußerlichkeiten gewählt, um, bevor es neu daran geht, den unsichtbaren Bereich zu erforschen, noch einmal klarzustellen, wieviele Dinge im Vorfeld schon übereinstimmen müssen, daß die Wahrnehmung der invisiblen Art sich überhaupt bemüßigt fühlt, in Aktion zu treten. Unbewußt hat sie es längst getan und instinktiv entschieden, ob dieses Treffen zu einer intimeren Form des Kennenlernens führen wird oder nicht.

Es sind Hunderte von Fällen bekannt, wo entweder beide oder jeweils ein Partner »in der ersten Zeit nie auf die Idee gekommen wären, sich ineinander zu verlieben«. Oft liegen zwischen dem ersten und den nachfolgenden Treffen Wochen, ja sogar Monate und Jahre, bis man sich wiedersah und es endlich »funkte«.

Es würde das Thema des Buches sprengen, würde man jetzt den Beweis antreten, daß es nicht Schicksal, nicht wundertätige Fügung und auch nicht der berühmte Zufall war, der die beiden wieder zueinandergeführt hat, sondern daß seit jener allerersten Begegnung, welche schon aufgrund bestimmter Signale zustandegekommen war, ein Netz unsichtbarer Fäden, wissenschaftlich gesprochen, ein abstraktes Muster oder Kraftfeld seine Wirkung aufgenommen hat, und das Verhalten der beiden beteiligten Personen auf nicht kausale Weise bestimmt hat.

Ausgelöst wurde die Wirkung durch das unsichtbare Mischfeld, das beim ersten Mal unter Umständen gar nicht wahrgenommen wurde, nichtsdestoweniger aber in aller Intensität erzeugt worden war.

Manchmal muß eine Wahrnehmung in ihrer eigenen Erkenntnis reifen und das kann unter Umständen sogar Jahre dauern.

Sehr oft aber treffen sich die Partner zu einem Zeitpunkt, an dem alles übereinstimmt: Raum, Zeit und Wahrnehmung.

Folgender Ablauf ist zu erwarten:

Punkt 1: Die Signale werden auch über Entfernung hinweg wahrgenommen und aufeinander abgestimmt.

Punkt 2: Die gegenseitigen Kreise werden immer enger gezogen, bis die Entfernung auf das geringste Maß beschränkt ist.

Punkt 3: Die Signale konvenieren mit der visuellen Wahrnehmung.

Punkt 4: Die Energiefelder von A und B treten sich gegenüber und vermischen sich. Aus A und B entsteht A+AB+B.

Punkt 5: Das Verhalten der Personen, welche das AB-Feld erstellt haben, gleicht sich an.

Punkt 6: Durch zunehmende oder abnehmende Inter-Esse-Energie wird das AB-Feld gestärkt oder geschwächt.

Punkt 7: Die Verbindung festigt oder löst sich. Folgende Möglichkeiten ergeben sich:

a) Feld AB bleibt von beiden Teilnehmern gleichermaßen gefüttert bestehen und stabilisiert sich weiterhin.

b) Feld AB bleibt nur von einem der beiden Teilnehmer gefüttert bestehen und damit stabil.

c) Feld AB erfährt von keinem der beiden Teilnehmer weitere Fütterung und neutralisiert sich.

Punkt 8: Neutralisierte Felder bleiben als abstraktes Muster erhalten und können sowohl von den ursprünglichen Erzeugern, aber auch von ideell entsprechenden Replikanten reaktiviert werden.

Zu Punkt 1:

Die sogenannten Signale, von deren Grundlage bereits früher als Identifikations-Sonos (IS) gesprochen wurde, erfahren in der Phase der Bildung des individuellen Seelenkörpers eine Intensivierung und Individualisierung, die, wollte man den Vorgang noch besser verstehen, wie ein einmaliges »Parfum« nach außen abgegeben werden und über weite Entfernungen von anderen wahrgenommen werden können.

Diese individuell, im Universum nur einmal vorkommende klangerzeugende Schwingung, welche man als persönliches (per sonitus – durch Klang, ital.: io sono – ich bin) Erkennungssignal bezeichnen könnte, wird letztendlich genauso nachdrücklich verwendet, wie die Erkennungsmelodie von Fernsehsendungen oder Produkten, für die mittels audiovisueller Medien geworben wird. Wir identifizieren die Klangfolge mit einer ganz bestimmten Darstellung, wir wissen, was »gemeint« ist.

Aus dem jahrtausendalten Wissen um dieses Geheimnis ist uns noch das Codewort sowie die Lösung verblieben. Noch heute gibt es auf den Kanarischen Inseln Familien, die über weite Entfernungen mit einer Pfiff-Kombination aufeinander aufmerksam machen und sich auf diese Weise verständigen.

Dieses persönliche Erkennungssignal kann sowohl als Symbol für die Person als auch für die von ihr vertretene persönliche Idee in ihrer gesamten Weitläufigkeit gewertet werden.

In jeder Oper Richard Wagners, aber auch bei Richard Strauss sind die Personen schon vor ihrem Bühnenauftritt durch ihre Erkennungsmelodie angekündigt. Der Rosenkavalier, die Marschallin, Siegfried, Tristan und Isolde, Lohengrin, ja sogar der Schwan werden so avisiert. In Kenntnis dieser Gepflogenheiten wird jede Ouvertüre zur begriffenen Erzählung.

Es ist aber, wie wir wissen, nicht nur der Klang, sondern auch die energetische Anordnung (Rhythmus), die von uns identifiziert wird. Wird dieser Rhythmus verfremdet, wird unter Umständen nicht einmal der weltberühmte Donau-Walzer wiedererkannt.

Die erfolgreiche Partnerfindung hängt also weitgehend davon ab, wie unverfremdet die persönliche Klang-Rhythmus-Kombination im Laufe der Jahre erhalten geblieben ist.

Durch äußere Einflüsse wie Erziehung, Vorbilder, Ereignisse, aber auch durch Käuflichkeit und Opportunismus kann die typische Information buchstäblich zersetzt werden. Der Mensch ist seiner eigenen Idee untreu geworden, die aber dennoch unbeirrt in ihm versucht, sich allen Widerständen zum Trotz erneut durchzusetzen.

Was dann erfolgt, ist das, was die Menschen mit dem Wort »Schicksal« bezeichnet haben. Es geschehen Dinge, die versuchen, die Verfremdung zu korrigieren, was vom Betroffenen als schmerzliche Zäsur empfunden wird. Die Rückführung in die eigene Wahrhaftigkeit und damit in die Wiedererkenntnis der eigenen Idee ist der eigentliche Auftrag des Lebens. In der Materie erprobt sich das Durchhaltevermögen des Seelenpotentials in der Wahl der angebotenen Möglichkeiten. Es gibt wenige, die diesen Angeboten wissend widerstehen und unbeirrt den Weg ihrer eigenen Idee gehen. Die meisten fallen, um mit Worten der Umgangssprache zu reden, reihenweise auf die Angebote, also auf sich selbst herein und denken dabei auch noch, sie hätten ein besonders rosinenhaltiges Riesenstück aus dem Kuchen ergattert, der die Zuckergußaufschrift »Gutes Leben« trägt.

Die Korrektur dieses Fehlkonsums dauert oft jahrelang an und der Kummer über die nachträgliche, viel zu späte Erkenntnis kann ein ganzes Leben verbittern.

Fazit: Je klarer die persönlichen Richtlinien eines Menschenlebens erkannt und befolgt werden, desto klarer, unverwechselbarer und intensiver ist seine Signal-Abstrahlung.

Das bewirkt, daß auf der einen Seite leichter entsprechende Partner angezogen werden, auf der anderen Seite unpassende Pendants leichter zu durchschauen sind. Daraus erfolgt der vielbeneidete »goldene Griff«, den manche Menschen sehr oft schon in jungen Jahren symptomatischerweise nicht nur in bezug auf die Partnerwahl demonstrieren.

Denjenigen, die sich lebenslang über ihre Partner glauben beklagen zu müssen, sei gesagt, daß sie sie selber mit ihrer Fehlinformation angelockt und eine notwendige Korrektur weder erkannt, noch vollzogen haben.

»Schläft ein Lied in allen Dingen?«

»Schläft eine Idee tief in unserer Seele?«

Ihre Erweckung und Klarstellung durch Überprüfung der Verwendung der Charaktereigenschaften und Persönlichkeitsdarstellung ist geburtspflichtige Aufgabe, aber auch die Sinngebung unserer Existenz. Wenn, wie bereits erwähnt, die letztendlich zerstörerische dämonische Abstrahlung vieler Menschen dem Ungleichgewicht von Charakter und Persönlichkeit entstammt, dann ist der Vergleich mit dem Charisma ausgeglichener Personen eine gute Lehrstunde zur Erkennung der eigenen Disposition. Wer sich in Gesellschaft der Ungleichgewichtigen wunderbar gekräftigt und aufgewertet, im Nachhinein jedoch wie ausgesogen fühlt, der wird sich eingestehen müssen, daß der Weg zur eigenen und klaren Erkenntnis noch weit ist.

Ein Ausgeglichener läßt sich zwar durchaus von eben beschriebener Spezies unterhalten, aber er identifiziert sich nicht, oder besser ausgedrückt, er überantwortet dem anderen nicht seine Energie, um sie nachher mühsam wieder ersetzen zu müssen. Stark Ungleichgewichtige finden wir auch unter denen, die das Leidprogramm der Welt scheinbar für sich gepachtet haben oder zuständig zeichnen für die Leidverarbeitung der gesamten Erde. Die energetische Unterhaltung eines solchen Darstellungsfeldes kostet ungeheure Energien, die von anderen in Form von Erzeugung schlechten Gewissens und unentwegter Schuldigkeit abgefordert wird. Eine Partnerschaft mit einem solchen Menschen wird nur von Menschen eingegangen, die große Kontingente tiefer Unsicherheit in sich tragen und in der Akzeptanz dieser ständigen Energieabforderung eine Bestätigung ihrer Existenz zu erkennen glauben. Dies ist nichts anderes als jede andere Form der Ab-Hängigkeit, also Süchtigkeit.

Wieder hilft kein lautes »Hände weg!«, denn auch hier geht der Weg der Selbst-Erkenntnis und Klärung der eigenen Idee über den steinigen Weg der Entsprechung und Gefälligkeit (beinhaltet das Wort »fallen«), also der Leiderfahrung.

Wem also die Gesellschaft von Ausgeglichenen zu wenig reizvoll erscheint, der lerne zumindest, sich in Gegenwart stark Unausgeglichener nicht unentwegt als Energieanzapfquelle zur Verfügung zu stellen. Eine darauf bezogene Selbstbeobachtung sollte in jedem Fall geübt werden, um sich die relativ nutzlose Existenz eines Schattenwesens jenseits jeglicher eigener Ideenverwirklichung zu ersparen.

Zusammenfassung: Um eine optimale Partnerschaft zu erreichen, müssen die eigenen Signale geklärt, die empfangenen Signale bewußt differenziert werden.

Zu Punkt 2:

Konstant ausgesandte Signale werden wahrgenommen, beantwortet, und erzeugen ein Spannungsfeld, welches eine Annäherung der signalisierenden Personen bewirkt.

Äußerlich betrachtet wäre jetzt ein Rückzieher noch möglich durch eine Änderung oder Korrektur, die aber nur über die Selbsterkenntnis erreicht werden kann. Da der sich nähernde Partner sich aber noch nicht gezeigt hat, sieht sich natürlich kaum jemand zur Selbstkorrektur aufgerufen.

In jedem ist ein Bild, eine Sehnsucht, eine Wunschvorstellung vorhanden, die alle zusammen eine ebensolche Grundsätzlichkeit aufweisen wie die urpersönliche Idee.

Wenn bis heute immer wieder betont wird, daß sich prüfen soll, was sich ewig (!) bindet, dann sollte gleichzeitig aber genauso nachdrücklich darauf hingewiesen werden, daß diese Prüfung schon lange vor dem tatsächlichen Auftauchen des späteren Partners stattfinden sollte – die eigene Überprüfung der Motivation und des Begehrens. Drum prüfe sich selbst, wer eine Bindung anstrebt, um zu sehen, ob sich das, was sich letztendlich ein-findet, auch wirklich dem gleicht, was er erhofft.

Zusammenfassung: Durch Sehnsucht und Begehren erzeugte Annäherung ohne bewußte Selbst-Identifikation erzeugt vielfältige und wahllose Spannungsfelder, welche zu enttäuschenden Partnerschaften führen können – eine differenzierte Klärung des Partnerschaftsbildes bewahrt vor dem meist schmerzlichen Prozeß der Klärung, also vor vielen enttäuschenden Kurzbeziehungen.

Zu Punkt 3:

Hier hat das Treffen stattgefunden, die visuelle Wahrnehmung hat eingesetzt und bestätigt unterbewußt die ausgesandten Signale. Oft erfährt man, daß man sich von einem Partner angezogen fühlt, dessen Äußeres nicht den bisher angelegten Maßstäben entspricht. Etwas Unerklärliches hat die Steuerung übernommen. Nicht selten wundert man sich über sein eigenes Verhalten.

Zusammenfassung: Eine scheinbare Fremdsteuerung beginnt sich bemerkbar zu machen, die lange vorher eingesetzt hat. Die Erfüllung eines Programms vollzieht sich.

Zu Punkt 4:
Zwei fremde Planeten treten sich gegenüber, jeder von ihnen hat ein Energiefeld um sich ausgebreitet, das sämtliche Informationen beinhaltet. Nun wäre es möglich, für kurze Augenblicke den Schleier zu lüften, um die eigene und fremde Wahrheit zu sehen. Die eigene Polung bewirkt jedoch, daß nur das wahrgenommen wird, was zur Partnerschaft führen kann. Die beiden Energiefelder vermischen sich durch Gegenübertreten und erzeugen in dieser Mixtur eine aus sämtlichen Anteilen der beiden Felder bestehenden Feldkombination (AB), die, je intensiver das Interesse der beiden Teilnehmer aktiviert wird, sich um so schneller verselbständigt. Ab sofort ist die Beurteilung des Partners von diesem Feld gesteuert und absolut subjektiv.

Die letzten Momente der objektiven Beurteilung sind die Sekunden vor und kurz nach der Vermischung. Schon nach einer Minute ist die Wahrnehmung der Ur-Information nicht mehr möglich, es sei denn, man wahrt einen Abstand von zwei Metern.

Ein eigenartiger Rapport beginnt:

Die eigene Wunschliste wird mit dem Angebot verglichen, wobei der Partner genau dasselbe tut. Dadurch werden, da man Gutes in spe vorprojiziert hat, vornehmlich angenehme Dinge wahrgenommen.

Dieser Vorgang findet natürlich nur bei Zusammentreffen statt, die durch das Signalton-Verfahren schon vorher ein Spannungsfeld erzeugt haben. Nicht jeder, der einen anderen Menschen trifft, teilt mit ihm ein vorproduziertes Spannungsfeld.

Zusammenfassung: Wer nicht »vorgearbeitet« hat, fällt jetzt auf sich selbst herein. Durch den enormen Anreiz des Moments geschehen ähnliche Dinge wie im Moment der Körperbeseelung:

Es zeigt sich, wie weit der Mensch »verlockbar« und damit bereit ist, zugunsten opportuner, aber nicht wirklich entsprechender Angebote seine Ur-Idee zu verleugnen. Der »Schauspieler« tritt in Aktion. Das, was jetzt dargestellt wird, wäre man gerne. Man ist es, leider, noch nicht.

Die Hormone treten in volle Aktion, und zwar genau entsprechend dem Maß an Begierde, das der Seelenkörper erstellt.

Zu Punkt 5:
Nun lernen sich die beiden AB-Feld-Erzeuger kennen und beginnen sich über das AB-Feld zu koordinieren. Die Frage ist nicht, was A gerne möchte, sondern: Was glaube ich, das A gerne mag? Ab sofort sieht man die Welt mit den Augen des anderen, man ist verliebt. Wenn man spekuliert, versucht man, die Welt mit den Augen des andern zu sehen. Seltsame Mutationen ergeben sich. Um dem Partner begehrenswerter zu erscheinen, läßt man sich auf Dinge ein, die man vorher nur dem Namen nach kannte (Golfspielen, Bridge, Wasserskifahren, Vernissagen, Sushi-Lokale), man beginnt zu entsprechen, um zu ge-fallen. Dadurch eröffnet sich eine neue Welt, und zwar tatsächlich, wenn die Entsprechung nicht künstlich ist und scheinbar, wenn Interesse nur dargestellt wird, aber nicht wahrhaftig ist.

Die Körpersprache wird abgestimmt, Rituale entwikkeln sich, das AB-Feld intensiviert sich durch intimen Körperkontakt. Der »Geruch« ist nun tatsächlich aufgenommen.

Zusammenfassung: Der erste Zenit der Partnerschaft ist erreicht, wenn die gemeinsame Ritualbildung eingesetzt hat. Damit ist aber auch der erste Punkt erreicht, an dem eine Ermüdung aufteten kann, und zwar dann, wenn der Ritualbildung nur entsprochen wurde, sie aber nicht tätig miterzeugt wurde. Generell zeigt sich in dieser Phase, ob man sein eigenes Schauspiel durchhält, ja vielleicht durch den anderen sogar zu einem wirklichen Ich gelangt ist, oder ob Überdruß am anderen und an der eigenen Darstellung, die ja nicht die eigene ist, entsteht. Hier bereitet sich die Trennung oder Weiterführung der Beziehung vor.

Zu Punkt 6:
Die bisher entstandene Abhängigkeit, Zuneigung oder Liebe wird mit dem ursprünglichen Begehren verglichen, woraus vermehrtes oder vermindertes Inter-Esse entsteht. Dadurch erfährt das AB-Feld eine Stärkung oder Schwächung. Aber nicht nur durch den Eigenvergleich, sondern vor allem durch die Veränderungen, die durch Dritte (Eltern, Freunde, allgemeine Reaktion) auf das AB-Feld einwirken. Durch diese Einwirkung »sieht man den anderen plötzlich mit anderen Augen« oder sieht sich in seiner »Wahl« bestätigt.

Zusammenfassung: Durch die Einwirkung von außen auf das AB-Feld erweitert sich die Wahrnehmung. Es ist, als hätte man sich »Rat geholt«. Andererseits zeigt sich auch die Beeinflußbarkeit der AB-Teilnehmer. Eine Partnerschaft, welche diese Phase übersteht, hält mindestens sieben Monate.

Zu Punkt 7:
Die Entscheidung ist gefallen:

Die Partnerschaft wird weitergeführt oder aufgegeben. Im ersten Fall wird das AB-Feld mehr oder weniger gleichmäßig von beiden Teilnehmern mit Inter-Esse-Energie beliefert und bleibt dadurch wirksam, wobei es dem Feld gleich ist, ob diese Energie aus Liebe, Habgier, Leidenschaft usw. entsteht; es stabilisiert; doch nicht immer mit derselben Intensität.

Beinhaltet ein AB-Feld insgesamt mehr weibliche als männliche Anteile, bleibt es in seiner Form grundsätzlich stabil und repräsentiert immer die Frau als Beherrscherin des Feldes und damit der Beziehung. Beinhaltet ein AB-Feld insgesamt mehr männliche als weibliche Anteile, bleibt es in seiner Form grundsätzlich stabil und repräsentiert den Mann als Beherrscher des Feldes und der Beziehung. Beinhaltet ein AB-Feld ein mehr oder weniger vollkommenes Gleichgewicht der männlichen und weiblichen Anteile, kann von einer ausgesprochenen Feldbeherrschung nicht gesprochen werden. Das Partnerdominanzverhältnis ist relativ ausgeglichen.

Der »stärkste« Partner wird derjenige sein, der die seinem Geschlecht entsprechende Mehrzahl der Anteile repräsentiert.

Zum besseren Verständnis folgen einige Beispiele.

Zunächst jedoch eine Erklärung der Zeichen und Symbole:

Zeichen- und Symbolerklärung:

(–)	=	Individualfeld mit überwiegend weiblicher Tendenz
(+)	=	Individualfeld mit überwiegend männlicher Tendenz
(±)	=	ausgeglichenes Individualfeld
w. A.	=	weibliche Anteile
m. A.	=	männliche Anteile
%	=	Symbol für die gesamte Anteiligkeit

MANN (+)	FRAU (+)
70 % m. A. 30 % w. A.,	60 % m. A. 40 % w. A.

Gesamtzahl der w. A. = 70
Gesamtzahl der m. A. = 130

Das AB-Feld wird eindeutig vom Mann dominiert.

MANN (+)	FRAU (–)
60 % m. A. 40 % w. A.,	20 % m. A. 80 % w. A.

Gesamtzahl der w. A. = 120
Gesamtzahl der m. A. = 80

Das AB-Feld wird eindeutig von der Frau dominiert.

Hier noch das Beispiel eines sogenannten »Ungleichpaares«:

MANN (–)	FRAU (–)
30 % m. A. 70 % w. A.,	40 % m. A. 60 % w. A.

Gesamtzahl der w. A. = 130
Gesamtzahl der m.A. = 70

Die Überzahl der weiblichen Anteile liegt beim Mann, der damit das Feld eindeutig dominiert.

Es wird hierbei auch ersichtlich, daß ein männlicher Körper nicht unbedingt auch einen absolut männlichen Seelenkörper haben muß. Es wird oft beobachtet, daß gerade die Männer mit eher weiblichem Seelenkörper ein betont geschlechtsspezifisches Verhalten demonstrieren. Dasselbe wird im umgekehrten Fall bei Frauen beobachtet.

Hier wird ein Verhalten »erlernt« und kopiert, es ist nicht angeboren. Deshalb sind Männer mit eher weiblichem Seelenkörper besonders gute Darsteller harter Schauspielrollen. Sehr oft sind sie bi- oder homosexuell.

Marlene Dietrich, deren männermordende Ausstrahlung weltweit berühmt war, dürfte dazu das weibliche Gegenstück gewesen sein. Daß sie nicht nur ihren männlichen Anbetern zugetan war, ist in jeder ihrer Biographien nachzulesen. Einmal wurde sie als »der einzige Mann im Studio« bezeichnet. Wenn ein wie eben beschriebenes Übergewicht herrscht und der Körper mit seinem konträren Geschlecht nicht wirklich akzeptiert wird, entstehen die immer ein wenig peinlich oder komisch wirkenden sehr weiblichen Männer und betont männlichen Frauen, die mit der Ignoranz ihres Körpergeschlechts nicht nur ihre Identität, sondern auch ihre natürliche Würde verlieren.

Zu den sogenannten ausgeglichenen Partnerschaften sei noch gesagt, daß das Feld eher von dem Partner charakterisiert wird, der ein Übergewicht an männlichen oder weiblichen Anteilen aufzuweisen hat. Diese Charakterisierung hat jedoch keinen ausgesprochenen Dominanzanspruch.

MANN (±)	FRAU (±)
55 % m. A. 45 % w. A.,	52 % m. A. 48 % w. A.

Gesamtzahl der w. A. = 93
Gesamtzahl der m. A. = 107

Hier wäre trotz der Ausgeglichenheit der Anteile eher eine Charakterisierung des Feldes durch den Mann zu erwarten.

Ein Feld ist als noch ausgeglichen zu bezeichnen, wenn eine der Gesamtzahlen die Zahl 90 nicht unterschreitet und die Zahl 110 nicht übersteigt.

Von der Tatsache ausgehend, daß jedem der Teilnehmer ein grundsätzliches Potential von 100 % zur Verfügung steht, wäre die Idealverbindung natürlich ein AB-Feld, das von zwei völlig ausgeglichenen Individualfeldern hergestellt würde, also von einem Mann, der 50 % weibliche und 50 % männliche Anteile in sich trägt, und einer ebensolchen Frau.

Dies wäre die Idealkonstellation für eine eventuelle, in der Zukunft angestrebte Androgynität. Vorerst aber wird diese gesegnete und sehr selten vorkommende Konstellation von nur wenigen Menschen erzeugt und erreicht.

Grundsätzlich muß von vorneherein klar sein, daß die Feld-Dominanz immer die momentane Tendenz aufweist, aber nicht konstant bleiben muß. »Tempora mutantur et nos mutamur in illis.« (Die Zeiten ändern sich und wir uns in ihnen). Das gilt auch in diesem Fall. Wir entwickeln uns, ändern einen Standpunkt, eine Meinung, werden verändert durch Geschehnisse, und so ändert sich auch die tendenzielle Disposition des Feldes. Innerhalb von sieben Jahren tauscht sich jede Zelle des Körpers gegen eine neue aus und so ist es auch im Geist, in der Seele. Daher rührt auch z. B. das »verflixte siebte Ehejahr«, in dem tatsächlich sehr viele Verbindungen in die Brüche gehen.

Der Philosoph Philon von Alexandria schreibt darüber: »Zu Ende des ersten Jahrsiebtes kommen an der Stelle der Milchzähne die richtigen Zähne, am Ende des zweiten tritt die Geschlechtsreife ein, im dritten sprießt beim

Mann der Bart, die vierte ist die Hoch-Zeit des Lebens, das fünfte der Zeitraum der Verehelichung, das sechste bringt die Reife des Verstandes, das siebente die Veredelung der Seele durch Vernunft, das achte die Vollendung von Verstand und Vernunft, das neunte die Zähmung der Leidenschaft und infolgedessen Gerechtigkeit und Milde. Im zehnten aber ist es am besten, zu sterben, da in dem darüber hinaus liegenden Alter der Mensch nur ein gebrechlicher und unnützer Greis ist.«

Sicher hat die Evolutionsgeschichte des Menschen einige kleine Verschiebungen mit sich gebracht, und auch die Gebrechlichkeit eines siebzigjährigen Menschen dürfte heute in vielen Fällen hinausgezögert sein. Im großen und ganzen aber hat Philon recht. Tatsächlich spielt sich innerhalb eines Sieben-Jahres-Zyklus eine Veränderung im Leben jedes Menschen ab. Und so kommt es, daß ein AB-Feld wie ein Spiegel wirkt und damit die Theorie des verflixten siebten Jahres bestätigt.

Es kann also tatsächlich sein, daß bei einem Kennenlernen ein stabiles AB-Feld entsteht, das z. B. eine eindeutig weibliche Tendenz aufweist, was dadurch zustande kommen könnte, daß ein eher weich wirkender Mann mit einer Frau zusammengekommen ist, die ebenfalls sehr viele weibliche Anteile aufweist. Nehmen wir nun an, daß durch eine dauernde harte berufliche Forderung der Mann seine Tendenz verändert, dann verändert sich natürlich die Fütterung des AB-Feldes und damit die ganze Beziehung.

»Es hat sich etwas zwischen uns verändert«, wäre dann eine völlig folgerichtige Feststellung. Auch der Einfluß eines neuen Freundes oder Geliebten kann ein AB-Feld nachdrücklich verändern, genauso wie eine Veränderung des Gesundheitszustandes. Hier sind den Möglichkeiten keine Grenzen gesetzt, da die Entwicklung des Seelenkörpers kein Ende kennt und somit die beim Übertritt in den Körper dargestellte Tendenz wahrscheinlich zwanzig Jahre später keinesfalls dieselbe sein wird, im Gegensatz zum leiblichen Körper, der sein Geschlecht, wie bekannt, von Anfang bis Ende beibehält.

Da zwei Seelen, Animus und Anima, in unserer Brust wohnen, kann sich also auch die weiblich-männliche Darstellung eines jeden Menschen im Laufe der Zeit nach dem jeweiligen Übergewicht richten. Wenn ein Partner eine solche Entwicklung nicht mitmacht, fühlt er sich oft hinters Licht geführt, ent-täuscht:

»Als ich dich kennenlernte, da warst du ganz anders!« ist dann eine der üblichen Beschwerden.

Zu Punkt 7 a:

Durchleben beide Partner eine annähernd gleichmäßige Entwicklung und tritt keine Veränderung der Zuneigung durch innere oder äußere Geschehnisse ein, kann man davon ausgehen, daß ein AB-Feld gleichmäßig gefüttert wird und damit stabil bleibt.

Zu Punkt 7 b:

Nicht immer werden Trennungen in gegenseitigem Einvernehmen vollzogen. Wird ein einstmals erzeugtes AB-Feld nur mehr von einem der beiden Teilnehmer frequentiert und genährt, bleibt es trotz der Einseitigkeit stabil.

Das heißt: Selbst wenn einer der beiden Feld-Teilnehmer kein Inter-Esse mehr zeigt, also das Feld nicht mehr füttert, kann der andere Teilnehmer das Feld durch beharrliches Aufrechterhalten des Inter-Esses stabil halten.

Dabei ist es völlig unerheblich, ob dieser Prozeß bewußt oder eher unbewußt vollzogen wird.

Über die Folgen wird später noch gesondert berichtet werden.

Zu Punkt 7 c:

Beenden beide Feld-Teilnehmer in gegenseitigem Einvernehmen die Beziehung, so erfährt das AB-Feld von keinem der beiden mehr Fütterung und neutralisiert sich, das heißt, es wirkt auf keinen der beiden Teilnehmer mehr ein.

Zusammenfassung: Jedes AB-Feld bleibt solange stabil, wie es von beiden, oder auch von nur einem Teilnehmer bewußt oder unbewußt mit Energie versorgt wird.

Zu Punkt 8:

Neutralisierte Felder bleiben trotz der Trennung der Partner bestehen.

Diese Behauptung basiert auf der physikalischen Erkenntnis, daß unter der Oberfläche atomarer Materie ein abstraktes Muster verborgen liegt, welches das Verhalten derselben auf nichtkausale Weise bestimmt. Denkt man diese Erkenntnis entsprechend weiter, so haben unsere AB-Feld-Teilnehmer aus ebensolchen abstrakten Mustern einen unsichtbaren »Dritten«, das AB-Feld nämlich, erschaffen, und zwar aus den eigenen Mustern, die ihnen zugrunde liegen. Nun, wie wir erfahren haben und wissen, ist nicht jeder in der Lage, Mischfelder stabil zu erhalten.

Die Frage muß also letztendlich lauten: Wodurch erzeugen sich oder wir stabile reaktivierbare Felder?

Die Antwort finden wir bei dem führenden Forscher auf dem Gebiet der neutralen Netzwerke, Eric Kandel, der sagt, daß Bedeutung und Sinn eine aktive Wirkung auf den Menschen ausüben, und zwar in Form von Umwandlungen im Gehirn, die sich wiederum auf Gedanken und Handlungen auswirken. So entsteht eine neue »Realität«, welche durch einen ständigen Vorgang des Wahrnehmens und Formens natürlich wieder auf das Gehirn des Menschen und damit natürlich auch auf sein Individual-Energiefeld wirkt. Die subjektive »Realität« aber wird vollkommen in das AB-Mischfeld projiziert und eingelagert, das dadurch selbst eine Bedeutung und Sinngebung erfährt.

Ein Zeugungsvorgang der besonderen Art hat stattgefunden:

Durch das Erkennen der Bedeutung und des Sinns einer Beziehung erhält ein beliebiges Mischfeld seinerseits wieder Bedeutung und Sinn und erhält ein abstraktes Muster, ein namenloses Kind, einen Namen, eine ideelle Bedeutung, und wird damit selbst ein existentes Feld. Es könnte sein, daß durch diesen Vorgang die ewige Frage, woher denn das unentwegt nachgelieferte Seelenpotential kommen könne, beantwortet ist.

Daß diese »Zeugung« geistig-seelischer stabiler und jederzeit reaktivierbarer Felder, die dazu noch von anderen vorbildmäßig kopiert und repliziert werden können, nicht immer ein Segen ist, versteht sich von selbst und wird in anderen Zusammenhängen der Verwendbarkeit noch mehrmals zur Sprache kommen.

Zusammenfassung: Alle durch Bedeutungs- und Sinngebung entstandenen Felder, also auch alle AB-Mischfelder, bleiben solange stabil und reaktivierbar, solange die Bedeutung und der Sinn derselben im neuronalen System eines Menschen noch eingelagert sind und damit in seinem Individualfeld (Erinnerung, Gewissen usw.). Es ist dabei unerheblich, ob die Bedeutungs- und Sinngebung (Fütterung) bewußt oder unbewußt vollzogen wird.

Angesichts der Millionen von Partnerschaften, die sich in jeder Minute auf diesem Planeten zusammenschließen und wieder trennen, erscheint die Acht-Punkte-Abhandlung relativ dürr, doch tatsächlich ist sie im großen und ganzen auf jede Begegnung zwischen zwei Menschen anwendbar, auch wenn keinerlei sexuelle Erwartungen oder Anforderungen damit verbunden sind.

Da Sexualität in der menschlichen Gesellschaft einen ungeheuer wichtigen Faktor darstellt und bei Begegnungen zwischen zwei verschieden geschlechtlichen Personen offensichtlich oder unterschwellig eine immer mehr oder weniger gern zugegebene, nicht zu unterschätzende Rolle spielt, empfiehlt es sich, die unsichtbaren Marionettenfäden, von denen wir manipuliert werden, ein bißchen genauer zu durchforsten.

Zunächst muß erklärt werden, warum die scheinbar diskrepanten Annahmen, daß gleich und gleich sich gern gesellt und Gegensätze sich anziehen, eben nur scheinbar widersprüchlich sind.

Es ist mühelos zu beweisen, daß der Mensch in seiner Gesamtheit (Gefühl, Geist, Wille, Charakter, Persönlichkeit, äußere Darstellung) eine generelle (+) oder (–)Tendenz aufweist.

Daraus ergibt sich das natürliche Bestreben, einen ergänzenden Partner zu finden, was von den ausgesandten Signalen unterstützt wird, sofern sie unverfälscht erhalten worden sind. Hier würde sich das Sprichwort der sich gegenseitig anziehenden Gegensätze bestätigen.

Dieses Bestreben hat mit den gelebten Interessen des Menschen jedoch nichts zu tun. Nur weil Herr XY und Frau XZ gleichermaßen begeisterte Bergsteiger und Barockmusikliebhaber sind, wird den beiden aus diesem gemeinsam estimierten Interessensgebiet nicht unbedingt eine erfüllte Partnerschaft erwachsen. Sie werden sich vielleicht gerne zu Bergwanderungen und Konzerten verabreden, auch sonst möglicherweise befreundet sein. Eine Partnerschaft, die auch körperliche Intimitäten einschließt, muß daraus keineswegs entstehen.

Manchmal führen solche Freundschaften aber zu näheren Kontakten, weil es sich durch irgendwelche Umstände anbietet oder ergibt. Eine dauerhafte Bindung ist dabei jedoch keinesfalls gewährleistet.

Im Gegensatz dazu gibt es miteinander tief verbundene Ehepartner, die äußerst verschiedene Interessensgebiete pflegen. Es ist natürlich, daß bei einer neu entstandenen Partnerschaft nach Gemeinsamkeiten gesucht wird, um die Verbindung zu festigen und auch zu demonstrieren. Die wahre »Chemie« jedoch spielt sich auf dem Gebiet der Gegensätzlichkeit ab. Insofern hatte Herr Weininger gar nicht unrecht.

Nur kann sich die Gegensätzlichkeit in keinem Fall nur auf die Verschiedenartigkeit der Geschlechtsorgane und das damit verbundene geschlechtstypische Verhalten beschränken. Eine solche, rein sexuell ausgerichtete Verbindung, die es natürlich auch geben kann, ist im wahrsten Sinne des Wortes seelenlos, da sie nur dem Zweck der körperlichen Befriedigung dient. Die bezahlte »Liebe« möge hier als krasses Beispiel dienen. Beim Tauschgeschäft Körper gegen Geld hat die Seele zu schweigen.

Daß dieses Geschäft – auf Dauer betrieben – seine Spuren hinterläßt, wird niemandem unbekannt sein. Eine Seele schweigt nie.

Darin verbirgt sich die Erklärung, warum so viele Frauen an der Prostitution im weitesten Sinne zugrunde gehen.

Die weibliche Ur-Idee ist und bleibt, ein Revier zu erhalten und zu pflegen, um darin anerkannt und erfüllt zu wirken. Eine (-)Prostituierte, so scheinbar unberührt sie ihr Gewerbe auch angeblich ausübt, wird an einen Punkt kommen, an dem ihr die eigene Seele, also die eigene Ur-Idee einen Strich durch die Rechnung machen wird. Als Folgeerscheinung treten Depressionen auf und zuletzt jedem Gynäkologen und Internisten nur allzu bekannte Krankheitsbilder. Kein noch so gut gefülltes Bankkonto kann den Seelenschmerz lindern, der sich im Laufe der Zeit bis zur Unerträglichkeit steigert und das Gesicht früh zeichnet.

Diese gezeichneten Gesichter findet man bei jedem, der sich und seine Ur-Idee verleugnend hat einkaufen lassen – bei Männern wie bei Frauen. Die junge, gedankenlose Frau bleibt davon genausowenig verschont wie Mitglieder von Fürstenhäusern, deren Dramen die Auflagen der Klatschpresse allwöchentlich in die Millionenhöhe treiben.

Was du billigst noch so fern …

Das, was die wirkliche Qualität eines Mittelfeldes ausmacht, ist die Bereitschaft der jeweiligen Partner, wahrhaftig zu sein.

Die gesamte Partnerschaftsszene quillt jedoch über von mehr oder weniger begabten Schauspielern. Um das Pendant zu ergattern, das begehrenswert erscheint, werden die absurdesten Zugeständnisse und Selbst-Verleugnungen gemacht. Es werden bei der Erfüllung der eigenen Begehrlichkeiten die Informationen des AB-Feldes, welche meist für Außenstehende eindeutiger wahrnehmbar sind als für die direkt Beteiligten, mit einer solchen Konsequenz übersehen, daß man, hin- und hergerissen zwischen Mitleid und ungläubigem Staunen, versucht ist, den beiden die Wahrheit zu sagen. Es würde aber, auch das lehrt Erfahrung, überhaupt nichts nützen, denn nichts wollen A und B weniger hören als die Wahrheit. So bilden sich tagtäglich zahlreiche spektakuläre Paarungen, um in perfekter Ko-Existenz schlechten Charakter zu demonstrieren.

Wer nun annimmt, daß sich hier ein im Sinne von »schlecht« gemeint, negativ gefüttertes Feld ergibt, hat nicht begriffen, daß die Entwicklung schlechter Charaktereigenschaften nichts mit der Polung des Individualfeldes zu tun hat, das sich eben hinter der Maske der Persönlichkeit, welche ja gerade die schlechten Eigenschaften verdecken soll, schamhaft versteckt.

Es ist beinahe lachhaft: Nichts verbindet mehr als gemeinsame schlechte Eigenschaften.

Zwei Habgierige können durchaus ein lebenslanges stabiles AB-Feld bilden, genauso wie zwei Eitle.

Fast scheint es, als wolle uns jede Partnerschaft nur wieder den Spiegel vor Augen halten, um uns unsere eigenen gelebten oder verdrängten Begehrlichkeiten, Lügen und sonstigen Charaktermißstände immer und immer wieder in größter Entsprechung aufzuzeigen.

Doch nicht immer sind es unsere schlechten Angewohnheiten, die uns wie blinde Mäuse in die Falle laufen lassen. Manchmal ist es schlicht nur unsere Unerfahrenheit, die uns einem wesentlich erfahreneren Schauspieler auf den Leim gehen läßt.

Angenommen, unser Unterbewußtsein oder sogar unsere Vernunft sagt uns, daß wir z. B. als (+)Mann unser Leben vielleicht doch am liebsten mit einer ausgesprochenen (–)Frau verbringen wollen, und machen uns im Glauben, einwandfreie Signale auszusenden, hoffnungsfroh und offenen Auges auf die Suche. Es könnte geschehen, daß schon in nächster Zeit ein scheinbar absolut geeignetes Objekt auftaucht und eine Erwartung nährt, die man eigentlich schon begraben geglaubt hatte.

Eine trügerische Zeit des Glücks beginnt, die man deswegen nicht als Trug durchschaut, weil die Darstellung des anderen so perfekt abgestimmt ist, daß selbst ein scharf beobachtender Außenstehender darauf hereinfallen würde. Das, was sich dem Auge bietet, ist eine mit hübschen, runden Formen ausgestattete, braungelockte, junge Frau mit einem melodisch-weichen Stimmchen und einem Gang, daß sich so manche andere Frau neidvoll daran zu orientieren versucht. Daß sie Bankstellenleiterin ist, kann doch nur für sie sprechen und daß mehrere Beziehungen von ihr selbst beendet wurden, zeigt doch auch nur, daß sie über großes Selbstbewußtsein verfügt, und man fühlt sich geschmeichelt. Mit der Zeit stellt sich heraus, daß alles, was mit dem Haushalt zu tun hat, von der jungen Frau lieber delegiert wird, daß sie von allzu trauter Zweisamkeit nicht sehr viel hält, sondern sich lieber mit einem Freundeskreis trifft und daß das, was sie am Anfang so kätzchenweich angeboten hat, sich immer mehr zu einem ziemlich anspruchsvollen Tyrannen herauskristallisiert. Der Traum vom trauten Heim mit zwei Kinderlein zerfließt wie Schnee im Frühling, dafür ist das Büro organisiert wie nie. Geld kommt nicht aufs Konto, es wird angelegt, und zwar erstklassig, oder es wird sogar an der Börse spekuliert, ebenfalls erfolgreich.

Eigentlich hätte man Grund zur Freude, nur, man wollte gar kein Geld und keine Ordnung im Büro!

Als die Tüchtige dann auch noch einen zweimonatigen Weiterbildungskurs in Tokio annimmt und die diesbezüglichen Reklamationen mit einem fröhlichen »Aber Liebling, das geht doch so schnell vorbei!« quittiert, wird einem zum ersten Mal klar, daß man entweder sich selbst völlig umdisponieren muß oder die Beziehung zu beenden hat.

Übrigens befinden wir uns gerade in der unter Punkt 6 beschriebenen Phase, die in dieser aus der Praxis erzählten Geschichte unter den Bedingungen von Punkt 7 c schließlich beendet wurde. Die Enttäuschung ist immer um so größer, je mehr man sich am Beginn der Beziehung am Ziel seiner Wünsche glaubte.

Doch wem will man die Schuld geben?

Würde man die junge Frau über längere Zeit objektiv beobachten, also das tun, was man bisher unterlassen hat, dann würde man feststellen, daß sie pflichtgemäß als Frau das darstellt, was man sich landläufig unter einer wirklich reizenden und begehrenswerten Frau vorstellt. Und wenn man dann vielleicht den Vater auch noch genau unter die Lupe nehmen würde, was man ebenfalls unterlassen hat, dann würde man sehr schnell dahinterkommen, warum sie diese reizende und begehrenswerte Frau nur darstellt, aber eben nicht ist: Der Vater, von dem sie immer als ihrem geliebten, großen Papi spricht, hat nämlich die Angewohnheit, mindestens zweimal am Tag von seiner viel zu früh verstorbenen Frau, der Mutter des Mädchens, zu schwärmen. Für ihn ist eine Frau nur dann eine Frau, wenn sie so ist, wie die seine war.

Ohne es zu wissen, hat der Mann das Feld, welches er mit seiner Frau vielleicht sogar erfüllend und gut bis zu ihrem Tod erzeugt hat, danach auf seine ihm völlig ausgelieferte Tochter übertragen, der er unterschwellig unentwegt mitteilte, daß sie nur interessant sei, wenn sie zum Ebenbild der Mutter würde. Damit wurde er für sie zum erdrückenden Felderzeuger, der ihre eigenen Felderzeuger-Ansprüche in die Ecke jagte wie ein Dompteur seine Löwen im Käfig. Und so maskierte sie sich mit der Person der typischen Feldhalterin.

Letztendlich mußte ihr der Mann dafür dankbar sein, daß sie sich nicht zu gut maskiert hatte und ihm damit die Chance gab, sie zu »erkennen«. Sonst hätte es enden können wie es nachfolgende Beziehung beschreibt.

Frau XY, schlank, groß gewachsen, Internistin, trifft auf einem Ärztekongreß den Allgemeinarzt, Herrn XZ, ebenfalls schlank und groß, sie finden beide Gefallen aneinander, entdecken gemeinsame Interessen (Theater, Segeln usw.), stellen fest, daß sie in der gleichen Stadt wohnen und lernen sich in der Folge näher kennen. Nach kurzer Zeit heiraten sie und beschließen, eine Gemeinschaftspraxis zu eröffnen, welche auch nach kurzer Zeit bestens ausgelastet ist. Da beide keinerlei Bedürfnis nach Kindern haben, verbringen sie die gemeinsame Freiheit mit ihren Hobbies, laden Freunde in die elegante Wohnung ein und genießen den Ruf eines tüchtigen, erfolgreichen und glücklichen Ehepaares, das es sich erlauben kann, zweimal im Jahr Urlaub zu machen und in einem gewissen Luxus zu leben, auch wenn man sich beinahe des dargestellten Klischees wegen gelangweilt fühlt.

Was weniger über die beiden bekannt ist, könnte den Bericht interessanter machen: Im Laufe der Beziehung stellte sich heraus, daß Herr XZ am Intimverkehr mit seiner Frau weniger interessiert war, was diese anfänglich durchaus diskussionswürdig fand. Bald jedoch kapitulierte sie und nahm sich einen etwas jüngeren Liebhaber, den sie zunächst ihrem Mann verschwieg; nach einiger Zeit jedoch hielt sie eine Offenlegung des Verhältnisses für angebracht. Der Bitte des Mannes, Diskretion zu üben, entsprach sie mehr oder weniger. Auf die gemeinsame Praxis hatte dieser Vorgang scheinbar keinen Einfluß. Im

Laufe der nachfolgenden Wochen veränderte sich der Konversationston des Paares drastisch, aber nur im privaten Bereich. Der Mann fing an, seine Frau mit üblen Bezeichnungen zu traktieren, ihre berufliche Kompetenz anzuzweifeln und bestimmte Komponenten des sozialen Verhaltens innerhalb der Beziehung zum Schlechteren zu verändern oder ganz zu unterlassen. Die Frau wehrte sich anfänglich, leistete Widerstand, jedoch bekamen die Angriffe mit der Zeit fast eine rituelle Färbung, welche von ihr wie eine unangenehme Pflicht mit mehr oder weniger Gleichmut ertragen wurde. Ihrem erstgenannten Liebhaber folgte ein zweiter, der zwar von der Bildung, nicht jedoch dem Aussehen nach dem Ehemann ebenbürtig war. Eine Trennung schien nicht opportun, da auch dieser Mann ehelich gebunden war. Die häuslichen Attacken nahmen, von der Öffentlichkeit weiterhin unbemerkt, zu. Mit einer Mischung aus Gleichmut und schlechtem Gewissen ertrug die Frau auch dies. Die Praxis lief weiterhin hervorragend, bis der Mann eines Tages mit einem Herzinfarkt in ein Krankenhaus eingeliefert werden mußte. Nach seiner Entlassung reduzierte er seine Mitarbeit in der Praxis und verlangte zugleich nach vermehrter Zuwendung und Versorgung. Aus der sich daraus ergebenden Zeiteinschränkung ergab sich der Bruch des außerehelichen Verhältnisses, worunter die Frau sehr litt. Eine neue Beziehung war nicht in Sicht. Das Ehepaar lebt seither im kalten Krieg. Jeder erfüllt seine Pflichten erstklassig, die Praxis läuft trotz der Mehrbelastung der Frau weiterhin sehr gut, dem Mann geht es scheinbar wieder blendend. Daß daheim trotz offensichtlicher Eloquenz des Paares in der Öffentlichkeit eisiges Schweigen herrscht, ahnt niemand. Eine Hölle der besonderen Art ist entstanden: ein von beiden Partnern nicht erwünschtes, stabiles

(–)Feld, dessen Herkunft und Entstehung logisch und erklärbar ist: Frau XY ist eine eindeutige (-)Frau, die sich mit dem Mäntelchen des Felderzeugers, mit dem Parfum des (+)Feldes umgibt, was ihr, wie ihre subjektive Wahrnehmung ihr bisher vermittelt hat, das Leben zu vereinfachen schien. Herr YZ, ein typischer (–)Mann dagegen, war auf seiner Suche nach der idealen Ergänzungsfrau auf die scheinbare Entsprechung gestoßen. Hier schien jemand die fehlenden männlichen Anteile, die ein AB-Feld braucht, um einigermaßen ausgeglichen zu sein, ganz eindeutig mitzubringen. Wer hätte auch den völlig normalen Satz »Ich will keine Karriere aufgrund meines Aussehens machen!« beim Anblick der selbstbewußten und attraktiven Frau als Warnzeichen auffassen können?

Die Information, die sich jedoch hinter diesen Worten verbirgt, ist folgende:

1. Ich weiß, daß ich gut aussehe.
2. Ich habe die Erfahrung gemacht, daß, wenn ich mit einer weiblichen Ausstrahlung intelligent, klug und tüchtig bin, nicht dieselben Ergebnisse erreiche wie mit einer kühlen, männlichen Darstellung.
3. Da ich glaube, daß mein Begehren, auf dieser Welt ein unantastbares Revier zu haben, eher mit beruflicher Kompetenz als mit Weiblichkeit zu erreichen ist, habe ich mich selbst zu einer eher männlichen Darstellung entschlossen.

Das hat Frau XY so gründlich geschafft, daß sie ihr grundsätzliches Begehren und ihre (-)Ur-Idee sogar sich selbst gegenüber verschleiert hat. In der psychologischen Fachsprache bezeichnet man einen solchen Zustand als »Veilance« (vom englischen Wort »veil« = Schleier). Herr XZ, der seine (–)Anlagen ebenso verdrängt hatte, fühlte sich durch die, seinem partnerschaftlichen Begehren entsprechende, maskuline Ausstrahlung angezogen, nicht ahnend, daß diese eine reine »Persona« ist. Frau XY dagegen lief in ihre eigene Falle. Das Ur-Begehren des Feldhalters glaubte sich von der männlichen Darstellung von XZ bestätigt, nicht ahnend, daß die Kompetenz-Gleichstellung daraus resultierte, daß hier ein ebenfalls nach den Richtlinien des Feldhalters Suchender, seine Entsprechung gefunden glaubte.

Angesichts dieses Dramas hätte der Wiener Dramatiker Arthur Schnitzler, ein Bewunderer Freuds, weise genickt und gesagt: »Die Seele ist ein weites Land.«

Er hätte sicher gewußt, daß das Ur-Begehren und die Ur-Idee sich auf Dauer nicht verleugnen und verschleiern lassen, und irgendwann das Appetenzverhalten, das heißt, das ur-gewaltige Streben sich letztendlich die Situationen erschafft, die es ihm ermöglicht, seine ursprüngliche Idee zu leben, wie es bei unserem XY/XZ-Paar geschehen ist!

Der Mann XZ, einer gestörten Elternbeziehung entstammend, in der die Ehefrau die Führungsrolle spielte, merkte schon recht früh, daß ihm Geschlechtsverkehr mit sogenannten »normalen« Frauen keinen Lustgewinn verschaffte. Er fühlte sich von dominant auftretenden Frauen stark angezogen, die ihn um so mehr reizten, je mehr sie sich ihm entzogen und ihn demütigten. Nach einem Erlebnis mit einer sogenannten Domina, die ihre Aktionen nicht nur auf das Verbale beschränkte, verspürte XZ tiefe Ekel- und Schuldgefühle, die sich zukünftig jedoch als schwächer erwiesen als seine Bedürfnisse, auf dominante Art wahrgenommen zu werden. Inmitten dieser Zeit des inneren Kampfes und des seelischen Ungleichgewichts traf er auf Frau XY, die nach außen hin das Bild der perfekten Dame darstellte, dieselbe berufliche Stellung aufwies, ähnliche Interessen pflegte und mit ihrem anfänglich etwas kühlen, später immer leidenschaftlicheren Temperament wie die Erlösung von allen Problemen erschien. Mit keinem Wort hatte er ihr gegenüber je seine inneren Kämpfe erwähnt, sondern war auf ihre körperlichen Bedürfnisse vollkommen eingegangen, in der Hoffnung, mit dieser Partnerin gewisse sexuelle Praktiken entwickeln zu können, die ihm aus der Vergangenheit lieb und vertraut waren. Doch schon die ersten Ansätze dazu wurden von der Frau eindeutig, ja sogar mit Abscheu abgelehnt. Seit diesem Moment, in welchem infantile diesbezügliche Erinnerungen aktiviert worden waren, reagierte der Mann auf sexuelle Aufforderungen seiner Frau zunehmend mit Desinteresse, schließlich mit Impotenz.

Es geht nun wahrlich nicht darum, Ihnen auch noch die Vorgeschichte der Frau en detail zu erzählen, denn was könnte man aus dieser letztlich mehr erfahren, als das, was wir inzwischen wissen: der wirkliche Charakter mit seinem oktroyierten Ballast samt Persönlichkeitsdarstellung ergibt oft ein so perfektes Trugbild, daß selbst der trainierteste Fachmann mit Sicherheit darauf hereinfallen würde.

Dies ist aber eine von vielen Möglichkeiten, die sich bei der Bildung eines AB-Feldes von Partnern ergeben kann, die sich gegenseitig bewußt oder unbewußt nicht die Karten aufgedeckt haben, bevor sie die AB-Feldbildung in die Materie übertrugen (Ehe).

Was jedoch an Erkenntnis aus der Erfahrung bleibt, ist folgendes:

Wenn ein typischer (–)Mann wie Herr YZ in perfekter Darstellung seiner männlichen Rolle auftritt, so steht fest, daß er ein hohes Bedürfnispotential an Zuwendung und Körperkontakt haben wird. Nicht unbedingt an vorwiegend sexueller Betätigung. Das wird oft verwechselt! So scheinbar diese Männer auch an flüchtigen Abenteuern interessiert sind, meist suchen sie nur die Frau, die den qualvoll hohen Anspruch, den die absolute Mann-Darstellung erfordert, lindert und ausgleicht.

Dasselbe spielt sich mit Frauen ab, die – trotz ihrer ursprünglichen Idee (Feld-Halter) – sich mit dem Flair des Felderzeugers umgeben (Frau XY). Als Entschädigung für die Anstrengung der Darstellung verlangen sie ebenfalls nach sehr viel Zuwendung und Körperkontakt, nicht aber unbedingt nach der Rolle der aktiven Geliebten. So können sich also beruhigt zwei Felderzeuger (scheinbare und echte) zusammenschließen, wenn sie das Geheimnis kennen, welches so geheimnisträchtig nun auch wieder nicht ist, wenn man bedenkt, daß die erste materielle Darstellung der Ur-Idee »Felderzeuger« der Jäger und Sammler war. Wer glaubt, daß unsere Genetik diese Ur-Erinnerung schon längst ins Abseits evolutioniert hat, dem sei gesagt, daß diese Gen-Informationen einen Dornröschenschlaf auf Abruf schlummern und bei Bedarf so sichtbar hervortreten wie Schwimmhäute, Kiemenöffnungen und Schuppenhäute, wie sie jeder Hebamme jedes Kreißsaals der Welt vertraut sein dürften. Nur weil wir unsere Geschlechtsdrüsenlockdüfte mit so ungeheuer raffinierten Duftwässerchen übertünchen und statt auf der Kokosnuß auf dem Computer herumhacken, sind unsere ursprünglichen Herkunftshinweise sowohl im Körperlichen als auch im Bereich des Instinktes noch lange nicht ausgerottet, und sie verlangen genauso nach Wahrnehmung wie unsere edlen und hochgeistigen Ur-Ideen.

Der Jäger und Sammler, der bei einbrechender Dunkelheit mit der Gazelle über der einen und der Keule über der anderen Schulter Beifall, Anerkennung, Atzung und Ruhe heischend, die Höhle betritt, ist noch genauso in unserem Blute wie die kreischende Frau, die zähnefletschend und Felle über dem Kopf schwingend,ihren Nachwuchs und ihr Revier zu schützen versucht.

Daß diese Ur-Bilder auch in heutiger Zeit so unglaublich vertraut erscheinen, ist also kein Zufall. Kommen wir aber der Ergänzung halber zur Paarung »Feldhalter mit Feldhalter«, bei der ein (–)Feld entsteht, das nicht verfremdet und verschleiert wurde: Hier trifft sich die Ur-Idee gleichermaßen mit sich selbst; es ist die Idee des Feldhalters, des Weiblichen. Die Beziehung wird sich in der Vielfältigkeit der sich ergebenden Probleme vielen anderen Beziehungen als ähnlich erweisen. Trotzdem bleibt sie weniger unruhig, was damit zusammenhängt, daß sich beide Partner an der Ur-Idee des weiblichen (–) Feldes orientieren, zu deren urtümlichsten Aufgaben als Revierhalter gehört, zu ritualisieren und an Gewohnheiten festzuhalten. Die Ritualisierung bewirkt eine Hinwendung zum Vorgang und damit eine Ablenkung vom Ich, was zur Folge hat, daß Aggressionen abgebaut werden können, aber auch, daß das Zugehörigkeitsgefühl gestärkt wird und damit die Versicherung, des einzelnen. Kinder, die aus Familien stammen, in denen in der Erziehung keine Ritualisierungen angeboten wurden, sind oft haltlos und desorientiert, weil sie dieses unsichtbare Rückgrat, diesen wichtigen Bestandteil menschlicher Orientierung nie erfahren haben.

Da rituelle Gewohnheiten im Laufe der Zeit traditionellen Charakter bekommen, sich aber nicht in der Erbmasse verankern, sondern immer wieder neu erlernt werden müssen, obliegt es den Inhabern starker (–) Felder, den Frauen und Müttern also, diesen wichtigen Bestandteil menschlicher Kultur aufrechtzuerhalten.

Sehr oft ist der Zusammenhalt von Familien mit überwiegend »hinaus ins feindliche Leben strebenden« (+)Felderzeugern nur dem Ritualisierungstalent einer sehr starken »drinnen waltenden züchtigen Hausfrau«, also einer eindeutigen (–)Feldhalterin zu verdanken, die damit die Familie, die bei aller gegenläufigen Entwicklung doch immer die Kern- und Keimzelle eines jeden Sozialstaates ist, bei der Stange hält. Dieser Zusammenhalt kann mitunter ausgesprochen dramatisch-komische Züge annehmen, wenn z. B. alle Familienmitglieder sich zähneknirschend in die eisern nach bestimmten Richtlinien ablaufenden Familienfesttage fügen müssen, weil »die Mama« es so will. Aber wer wagt es schon, eine dominierende Feldhalterin, eine residierende Herrscherin zu enttäuschen? Daraus erwachsen leider auch oft Zwangsprogramme, welche die erträgliche Norm überschreiten, wie am Beispiel der gefürchteten Großmutter im Pflegeheim zu ersehen ist, die jeden Donnerstag und Samstag besucht werden muß.

Leben zwei Feldhalter wie zum Beispiel ein (–)Mann und eine (–)Frau zusammen, werden diese Probleme kaum entstehen, da sie beide die gleiche Ur-Idee in sich tragen, was in der Folge für die eventuell einer solchen Verbindung entspringenden Kinder nicht ganz unproblematisch sein könnte, weil mit zunehmendem Alter die gemeinsam gepflegten Ritualprogramme überhand nehmen könnten.

Meisterhaft auf die Schippe genommen wird so ein weiblicher Ritualisierungstrieb übrigens alljährlich am Silvesterabend mit dem allseits beliebten Einakter »Dinner for one«, bei dem eine neunzigjährige Dame ihren nicht eben jüngeren Butler zu den absurdesten Handlungen zwingt, nur um eine Erinnerung, eine Tradition aufrechtzuerhalten. Tief im Innersten eines jeden Zuschauers weckt diese Frau die Ahnung, daß es wahrscheinlich nur dieser eine Abend ist, der die alte Dame noch am Leben erhält – und den völlig abhängigen Butler James dazu.

Wie man sieht, ist auch das eine Möglichkeit, ein äußerst stabiles, wenn auch nicht besonders unterhaltsames AB-Feld zu erstellen, eine Eigenschaft, die generell bei Feldhalter-Zusammenschlüssen zu beobachten ist.

So zeigt sich auch, daß die materialisierte weibliche Ur-Idee, der weibliche Körper nämlich, eine grundsätzlich stabilere Konsistenz aufweist, und zwar nicht nur physisch. Im Normalfall ist die Frau wesentlich härter im Nehmen und, wenn sie auch noch eine weibliche Seelenkörperpolung aufweist, generell widerstandsfähiger. Schon als Baby erweist sich das männliche Kind als unterscheidbar anfälliger und schwieriger in der Betreuung als das weibliche Kind. Als Erwachsener aber zeigt sich erst das wirkliche Ausmaß der Überlegenheit. Dadurch, daß die Frau als introvertiert Wahrnehmende wesentlich weniger durch Außenfaktoren angreifbar ist, zeigt sie sich im Notfall auch als eindeutig handlungsfähiger und intuitiv-instinktiv richtig reagierend. Hat ein Mann wesentliche Anteile an diesem Potential, ist er auf den ersten Blick oft nicht so eindeutig attraktierend wie der scheinbare Super-Mann, als Partner ist er jedoch angenehmer und einfühlungsfähiger. Er ist auf eine viel ruhigere, aber nachdrücklichere Weise insistent und hartnäckig, wenn es ums Ganze geht und ist für den sich mit mehr Positiv-Anteilen darstellenden Mann ein gefährlicher Gegner, weil er vorausahnend (nicht spekulierend) und listig ist. Alle wirklich großen Diplomaten partizipieren von dieser Konstellation.

Zusammenfassend ist zu sagen: Trifft ein (–)gepolter Mann mit einer (–)gepolten Frau zusammen, so erzeugen sie ein komprimiertes energiesteigerndes AB-Feld, durch das sie nach innen und außen, einzeln oder gemeinschaftlich, im guten wie im schlechten Sinne aktiv werden können. Im allgemeinen ist zu erwarten, daß die Gemeinsamkeit eine eher introvertierte, ruhige Struktur aufweist. Die beiden Partner zeigen im Innenverhältnis kein ausgeprägtes Dominanzverhalten.

Trifft ein (+)gepolter Mann mit einer (+)gepolten Frau zusammen, so erzeugen sie, genau wie das (–)gepolte Paar, ein komprimiertes energiesteigerndes AB-Feld, durch das sie nach innen und außen, einzeln oder gemeinschaftlich, im guten wie im schlechten Sinne aktiv werden können. Dabei wird sich zeigen, ob die Gemeinschaft eine eher extrovertierte, unruhige Struktur aufweist. Die beiden Partner tragen im Innenverhältnis kein ausgeprägtes Dominanzverhalten.

In beiden eben genannten Partnerschaften werden, bedingt durch die Gleichpoligkeit, die jeweiligen Anteile eher verstärkt und bestätigt, als offensichtlich ersetzt und ausgeglichen. Augenscheinliche uns auffällige Diskrepanzen kommen kaum vor, es sei denn, daß ein Partner die Polung seines Feldes durch innere Veränderung wechselt.

Da bei Gleichpolung das Fehlen von (–) oder (+)Anteilen nicht durch gegenseitigen Ausgleich ersetzt werden kann, haben die beiden Partner die nicht ganz einfache Aufgabe, diesen »Mangel«, dieses Ungleichgewicht durch Lernprozesse von außen für sich selbst und den Partner auszugleichen, da sonst die Einseitigkeit der Polung auf die Beziehung nachteilige Auswirkungen haben könnte.

Diese beiden Partner können also weniger von sich selber lernen, als im gemeinsamen Beobachten anderer sich den Vervollkommnungsprozeß gegenseitig zu vermitteln.

Ganz ähnlich spielen sich auf den ersten Blick gegenpolige Partnerschaften ab. Doch es besteht ein wesentlicher Unterschied: Sie können sich gegenseitig fehlende Anteile ersetzen und ausgleichen und Lernprozesse von außen vermitteln.

Damit zeigt sich, daß der Charakter einer Gegenpol-Partnerschaft ein völlig anderer ist als der einer Gleichpol-Partnerschaft. Die Partner sind in einer anderen Weise aufeinander »bezogen«.

Treffen verschieden gepolte Partner aufeinander, (+) und (–), wobei es gleich ist, ob der Mann oder die Frau das (–) oder (+)Feld darstellt, dann erzeugen sie ein komprimiertes energiesteigerndes AB-Feld, durch das sie nach innen und außen, einzeln oder gemeinschaftlich, im guten wie im schlechten Sinne aktiv werden können. Eine generelle Struktur ist nicht zu erkennen. Dafür zeigen die Partner ein eindeutiges Dominanzverhalten.

Sehen wir uns doch einmal an, wie ein mögliches, erstes Treffen von zwei partnerschaftsgewillten Gegenpolen aussehen könnte: Ein männlich gepolter Mann und eine weiblich gepolte Frau treffen aufeinander, erkennen sich als möglicherweise geeignete Partner und zeigen Zuneigung (ein AB-Feld entsteht und intensiviert sich). Der Mann wird die ganze Palette der Möglichkeiten des starken Geschlechts (ein Märchen, wie wir inzwischen wissen), soweit sie ihm zur Verfügung steht, ausbreiten, wie wir dies auch aus der Tierwelt kennen (Imponiergehabe, Fellpflegeantrag, Futtergeschenke, Rangordnungserhöhung im Rudel, Nestpräsentation etc.).

In der Übersetzung heißt das: Er wird von sich erzählen, natürlich nur die guten und beeindruckenden Dinge, wird möglichst nett und manierlich sein und Komplimente von sich geben, was die Überleitung zu Körperkontakten darstellt wie Streicheln, Arm-um-die-Schulter-Legen und Händchenhalten. Wahrscheinlich wird er sie dann zum Kaffee oder Mittag-/Abendessen einladen und genießen, daß er von seinem Umfeld plötzlich eine andere Aufmerksamkeit erfährt. Schließlich wird man irgendwann nach Stunden, Tagen, Wochen des Werbens die Dame nach Hause bitten. So klischeehaft sich diese Aufreihung anhört, sie spielt sich dennoch, belebt von Tausenden von Variationen, genauso ab. Es geht hier nicht darum, daß sie vielleicht ihren Kaffee selber bezahlt hat und zuletzt auch diejenige war, welche in ihre Wohnung einlud, sondern um einen allgemein typischen Entwicklungsablauf.

Die eher weiblich gepolte Frau wird, genau wie umgekehrt der Mann, sich von der besten Seite zeigen, charmant sein, sich unauffällig, aber äußerst geschickt nach den äußeren Lebensumständen des Mannes erkundigen, ein- bis viermal auf die Toilette gehen, zuerst keine und dann doch genügend Zeit haben, Körperkontaktversuche zuerst nicht und dann doch akzeptieren und schließlich beantworten, und, wenn sie ein wirklich typisches Exemplar ihrer Gattung ist, wird sie ein bißchen geheimnisvoll und unentschlossen wirken. Alles wieder reines Klischee und trotzdem als allgemeine Richtlinie so akzeptabel, daß man wahrscheinlich schmunzeln muß, weil man dies alles schon einmal selbst erlebt hat.

Das eben beschriebene Programm ändert sich, wenn der Mann ein eher weibliches, die Frau dagegen ein eher männliches, unverfälschtes Individualfeld aufzuweisen hat. Das beim (+)gepolten Mann geschlechtsspezifisch typische und selbstverständliche Inanspruchnehmen der Führungsrolle und alle damit zusammenhängenden Aktionen werden im wesentlichen abgeschwächt oder sogar von der Frau übernommen. Da der männliche Gegenpart aber eine eher weibliche Polung hat, wird ihn das nicht stören, sondern im Gegenteil, eine innere Befriedigung verschaffen.

Nun könnte natürlich der Einwand erhoben werden, daß sich alle beschriebenen Personen zum Zeitpunkt des Kennenlernens scheinbar gleich benommen haben würden. Für einen ungeübten Beobachter mag sich das Procedere absolut ähnlich darstellen. Bei einiger Beobachtungsschulung wird man jedoch sehr schnell lernen, zu durchschauen, wer hier Mann spielt, Mann ist und Frau spielt und Frau ist. Die (–)gepolte Frau braucht ihr typisch weibliches Gebaren nicht zu erlernen, sie »hat« es genauso wie ein (+)gepolter Mann, der nicht erst lernen muß, sich wie ein solcher zu bewegen.

Den »Darstellern« dagegen kommt man nur auf die Schliche, wenn sie sich unbeobachtet fühlen, wenn sie übermüdet sind oder man sie überrumpelt. Dann ist das Gebaren eindeutig.

Wie aber überrumpelt man jemanden, den man eben kennengelernt hat und als »Darsteller« verdächtigt? Es wäre unfair, diese Tricks, die in jedem Buch über Körpersprache nachzulesen sind, und doch nicht stimmen, preiszugeben, denn auch die Individualfeldpolung samt seiner Darstellung gehört zu den intimen Geheimnissen eines Menschen. Sollte aber die Neugier zu quälend werden, sei, bevor bleibende Schäden entstehen, folgender Trick zur Klärung der Zugehörigkeiten und Abstammungen verraten: Besorgen Sie sich einen sehr jungen, möglichst wolligen und winzigen Hund, lassen Sie ihn am Boden sitzen und führen Sie Ihr ahnungsloses Opfer in die Nähe eines solchen Kuscheltieres.

Merke: Alles, was in die Knie geht und mit erhöhter Stimme spricht, ist weiblich gepolt!

Irrtum ausgeschlossen. Wenn etwas das weibliche Potential ad hoc zum Vorschein und zur Blüte bringt, dann ist es das allseits bekannte Kindchenschema.

Die Herrscherrolle des stark weiblich gepolten Partners ist in ausgewogenen Beziehungen nur bei guter Kenntnis der Gepflogenheiten der beiden AB-Feld-Erzeuger zu erkennen. Eine kluge und wissende Frau wird diese Macht auch nie öffentlich oder zu offensichtlich ausspielen, sondern stets im Hintergrund wirken. Wohlwollend wird es zuletzt doch von jedem bemerkt werden, was sich in Sprüchen äußert wie: »Sie hat ihn gut im Griff«; »Sie tut ihm gut«. Genauso wird der eher weiblich gepolte Mann seine (+)Frau auf eine eher unauffällige Art dominieren, wenn die Beziehung glücklich ist. Doch leider sind nicht alle (–)Frauen klug und wissend und nicht alle (–)Männer gütig und weise. Und so muß man leider oft die wüstesten, offensichtlichen oder unterschwelligen Kampfhandlungen beobachten, die sich um die Behauptung des AB-Feldes drehen.

Wieder würde es nichts helfen, klärend und erklärend einzugreifen, denn der Weg der Erkenntnis ist der Weg der Erfahrung.

Die beiden Kampfhähne lernen gerade aneinander, ihre Anteile richtig einzuordnen und zu verwenden und mit ihren »Veilances« konfrontiert zu werden. Und selbst wenn es mit Mord und Totschlag endet, solches muß erlernt werden, denn es ist die Voraussetzung für eine generelle optimale Kommunikation.

Es ist völlig natürlich, daß sich viele Paarbildungen auch ohne die Kenntnis zuletzt besprochener Hintergründe als Irrtum herausstellen und sich auflösen, bzw. aufgelöst werden. Und nun zeigt sich abermals der wesentliche Unterschied zwischen gleich- und wechselgepolten Partnerschaften.

Bei wechselgepolten Partnerschaften vollzieht sich die Trennung langfristiger und schwieriger, weil die Anteile, vor allem bei Langzeit-Beziehungen, im Austausch integriert worden sind. Wenn sich in diesem Fall die Teilnehmer des AB-Feldes trennen, hinterlassen sie beim anderen tatsächlich eine schmerzhafte »Lücke«, ein Vakuum, das nur durch einen neuen Partner, der eine ähnliche Konstellation des Feldes aufweist, wieder gefüllt werden kann.

Das Drama, das sich sehr oft daraus entwickelt, könnte sich folgendermaßen darstellen: Die möglicherweise verlassene Inhaberin des (–)Individualfeldes leidet, was, ohne daß sie es weiß, eine der intensivsten Formen der Fütterung eines AB-Feldes ist, und hält dieses damit am Leben. Durch Er-Inner-ung reflektiert (lat. re-flectere = zurückwenden, zurückbiegen) sie unentwegt ihre eigene Energie, die gezeichnet vom »Entzug«, leid-erfüllt ist und in der Folge Frustration (lat. frustra = vergeblich, erfolglos, frustratio = die Täuschung), Selbst-Zweifel und Depression oder Empörung (mhd. Wurzel bor = Trotz), Rachegefühle und Aggression erzeugt.

Je nach individueller bisheriger Charakterentwicklung wird die Betroffene die eine oder andere Empfindung erzeugen und nähren und damit das AB-Feld wie ein Alleinerziehender ein mißratenes Kind am Leben erhalten (siehe Punkt 7 b).

Damit – und das ist der Kernpunkt des Dramas – macht sie die Neubildung eines AB-Feldes mit einem anderen Partner unmöglich, denn die Abstrahlung erzählt: »Ich bin vollauf mit dem Individualfeld eines anderen Menschen beschäftigt!« und stellt für jeden möglicherweise neuen Interessenten eine deutlich wahrnehmbare Absage dar. Jeder frisch Verliebte hat dieses Abstrahlungs-Phänomen mit Verwunderung oder Belustigung bereits erlebt. Nie ist ein Mensch ausstrahlungskräftiger im positiven Sinne als in dieser Zeit: Sein »Ich expandiere, ich nehme auf!« wird von der ganzen Umwelt als Aufforderung zur lustvollen Teilnahme empfunden.

Wer aber will schon an einem expandierenden oder statischen Leid- und Frustrationsfeld teilnehmen?

Leider ist diese eindeutige Information nach außen weder mit einem guten Make-up, noch mit eleganten Kleidern, noch mit dem festen Willen, »ganz-ganz-fröhlich« zu sein, zu übertünchen. Über dieses Phänomen wird in dem Kapitel »Der Geruch von Glück und Unglück« noch gesondert und ausführlich gesprochen werden.

Manchmal ist es bitter, mitanzusehen, wie gerade die weiblichsten und hübschesten Vertreter der Gattung Frau nach einer durch den bisherigen Partner ausgelösten Trennung einen regelrechten Witwen-Status einnehmen, der eben durch die intensive AB-Felderhaltung und den dadurch entstehenden »Geruch« nach außen demonstriert wird. Durch die Ur-Idee des Feldhalters darauf programmiert, vermeintlich lebenskräftige und expansionsträchtige Reviere zu erhalten und zu verteidigen, wird der ungewollte Käfig immer stabiler gezimmert, wobei sich das Begehren, einen neuen, das Leid auflösenden Partner zu finden, paradoxer- oder verständlicherweise intensiviert, wodurch die Betroffene in einen wahren Teufelskreis gerät. Sie, die als Frau, Mutter und Geliebte hochqualifiziert ist und sichtlich alle Vorzüge besitzt, die von Männern hochgeschätzt werden, gerät ins partnerschaftliche Abseits, was sie sich nicht erklären kann, da sie nach wie vor instinktiv von ihrer vorzüglichen Prädestination weiß. Das familiäre und befreundete Umfeld registriert die traurige und scheinbar unverständliche Entwicklung und reagiert mit wohlgemeinten, aber nutzlosen Ratschlägen und Rettungsaktionen: »Du mußt loslassen, vergiß den Kerl, genieß deine Freiheit« wird genauso wenig fruchten wie die wohlwollenden Verkuppelungsaktionen, die mehr oder weniger offensichtlich veranstaltet werden.

Die Er-Lösung kann in diesem Fall nur durch eine Aufklärung der Abhängigkeit und durch eine Zurückgewinnung der an den Partner vergebenen, in ihn investierten Anteile erfolgen. Wird ohne diese Vorbedingung eine neue Beziehung eingegangen, so wiederholt sich das Programm so lange, bis durch die daraus erfolgten schmerzhaften Erkenntnisse entweder umprogrammiert wird oder eine Kapitulation erfolgt, welche die Einsamkeit besiegelt. Hierzu findet sich auch die Erklärung, warum so viele Menschen immer wieder auf denselben Typ »hereinfallen« und damit anzeigen, daß sie aus der Vergangenheit nichts gelernt haben und somit ihrer eigenen angestrebten Entwicklung entgegenwirken.

Um Anteile zurückgewinnen zu können, ist es logisch, daß zuerst gefunden werden muß, welche die Anteile sind, die noch immer die unsichtbare Bindung verursachen.

Da das Unterbewußtsein jedoch genau weiß, daß diese Aufklärung die innere Bindung auflösen kann und somit die Trennung unweigerlich von beiden Seiten vollzogen, also endgültig ist, wird von den Betroffenen die notwendige Prozedur als schmerzlich und quälend empfunden und deswegen abgewehrt und abgelehnt. Es wird viel lieber die Qual der Erinnerung ertragen und der Trennungsschmerz gepflegt und genährt, als das Risiko des vermeintlichen Fallens in ein »Nichts« eingegangen, das sich als der Inbegriff der Verzweiflung und der eigenen Ängste darstellt. Und so bleibt der Höllenkreis mit allen Qualen und Konsequenzen erhalten. Wer jedoch die Not-Wendigkeit erkannt hat und sich zur Loslösung durchringen will, dem seien die im nachfolgenden Kapitel dargelegten Gedankengänge und die daraus resultierenden Empfehlungen, die zu einer Klärung der Problematik beitragen sollen, gewidmet.

Erkennen, Klären und Wiederherstellen von Individual- und Partnerschaftsfeldern

Der Dichter Friedrich Rückert sagt: »In jedem ist ein Bild, des was er werden soll ...« und meint damit, daß dieses Bild, diese Vorstellung von sich selbst einen subjektiven und einen objektiven Anspruch hat, in der Wirklichkeit, im Leben umgesetzt und dargestellt zu werden.

Nehmen wir zum besseren Verständnis einen Begriff aus der Theologie zuhilfe, den Monotheletismus (gr. monos = allein, e/thelein = wollen, wünschen). Dieser Ausdruck vermittelt die Feststellung, daß in Christus zwei Naturen, die göttliche und die menschliche, existieren, die durch einen Willen zur Wirkung gelangen.

Der Volksmund würde dazu sagen: »Der Geist ist willig, aber das Fleisch ist schwach«, und tatsächlich, da zeigt sich ein unübersehbarer Mangel: Wir sind nicht Christus.

Da wir aber, als angeblich gottähnliche Menschen (und Gott schuf den Menschen nach seinem Bild und Gleichnis) die entsprechende Idee der Vollkommenheit in uns tragen, verlangt unser Alter Ego, unser Hohes Selbst, getragen von den Ur-Ideen, nach der höchsten Entwicklungsstufe, der Vollkommenheit, die wir über die Hindernisse und Trugbilder der Materie hinweg in unserem Bewußtsein erkennen und über unseren Willen leben sollen und wollen. Das ist das Ur-Begehren des Menschen.

Daß dieses Ur-Begehren die Konfrontation mit der Polarität nicht unverfälscht und unangetastet übersteht, beweisen wir uns selbst mit jeder Handlung, die wir gegen unser Alter Ego, unser besseres Wissen (Gewissen) vollbringen. Jede dieser Fehlhandlungen beschwört in uns ein interaktives Korrekturverfahren herauf, das zu vorher bereits erwähntem Appetenzverhalten führt, das wiederum einen Ablauf erzeugt und erzwingt, den wir als »Schicksal« bezeichnen.

Auf die verzweifelte Frage, wie die eigene Ur-Idee und der Ur-Wille ins Bewußtsein gebracht und erkannt wird, kann es wieder nur eine Antwort geben:

Erkenne dich selbst

Der erste Schritt, um zu einem wirklichen Erkennen zu gelangen, besteht in der Beantwortung der Fragen:

Wer bin ich wirklich?
Wen stelle ich heute dar?

Die Antwort auf die zweite Frage dürfte jedem ungleich leichter fallen als die Interpretation des ur-sprünglichen Ichs, der persönlichen Ur-Idee.

Geht man davon aus, daß das ganze menschliche Leben ein einziges Bestreben darstellt, diese Ur-Idee zu verwirklichen, so wird klar, daß an der Spitze der Selbstbetrachtung die Klärung der eigenen Männlichkeit und Weiblichkeit stehen muß. Diese Klärung kann nur glücken, wenn verstanden worden ist, daß hier die Frage nicht ist: Bin ich hetero- oder homosexuell?, sondern: Wie beurteile ich Männlichkeit und Weiblichkeit generell und wie empfinde ich sie, und wie verwende ich sie in meinem Leben? Durch die Differenzierung der Ur-Idee der Begrifflichkeit des Weiblich-Männlichen und der durch den

Körper daraus entwickelten Geschlechterentsprechung ergibt sich in der Folge auch für die persönliche Befragung in dieser Hinsicht eine Differenzierung.

Wenn gefragt wird: Wer bin ich wirklich?, so ist die eigentliche Frage:

Warum stelle ich mich körperlich als Frau oder als Mann dar?

Und: Fühle ich mich in dieser Darstellung wohl? Niemand ist aus Versehen oder fremdem Zwang in seinen Körper geraten, sondern, auch bei unentwickeltem Bewußtsein, durch eigenen Willen, sprich in diesem Fall: eigenes Begehren.

Es hat also die Intensität des eigenen Wollens die Wahl bewirkt, was nun bedeutet, daß wir manchmal unter verschiedenen Vorzeichen, doch in gleichem Begehren versuchen, unsere Ziele zu erreichen.

Obwohl man der Geschichten vom Mädchen, das eben nicht gern mit Puppen spielte und von dem Bübchen, das mit der Eisenbahn nichts anfangen konnte, schon sattsam müde ist, muß doch gesagt werden, daß dies die ersten Anzeichen für eine (+)Frau und (–)Mann sein können, was von der elterlichen oder betreuenden Seite noch immer – trotz des bemühten Aufhebens der diesbezüglichen Zuteilungen – mit einem besorgten: Mein Gott, das Kind wird doch normal sein? bemerkt wird. Um es vorwegzunehmen: Das Kind ist auf jeden Fall normal.

Nur unser Beurteilungsvermögen bedarf einer Erweiterung seines Wahrnehmens. Ein Kind orientiert sich nach seiner inneren Stimme und folgt damit seiner höchsteigenen Idee und seinem Begehren.

Dieses Begehren bekommt im Laufe der Zeit materielle Helfershelfer, welche eine vollkommen materialisierte Entsprechung der Begierdenanteile und Energie darstellen: Die Hormone, welche zusammen mit dem Nervensystem beinahe alles steuern, was die physische und emotionale Darstellung des Menschen ausmacht. Wer immer diesen endogenen Wirkstoffen diesen Namen (hormao = ich setzte in Bewegung, treibe) gegeben hat, hätte es treffender nicht ausdrücken können. Sie sind die veritablen »Treiber«, die uns aus unserem Innersten heraus befehligen.

Je größer die Begehrlichkeit des Seelenkörpers im Moment der Beseelung war, um so größer ist die Aktivierbarkeit der Hormone. Es ist nicht, wie immer angenommen wird, das Übermaß an Hormonen, das einen Menschen in die abstrusesten Handlungen treibt, sondern die durch seine Begierdenenergie ausgelöste Intensivierung der inneren Bilderzeugung (Imagination), auf welche die Hormone in völliger Entsprechung reagieren.

Dies wäre auch mühelos im Fall der weiblichen Wechseljahre zu beweisen, die sich völlig dem bisherigen psychischen und physischen Verhalten und dem weiblichen Selbst-Verständnis entsprechend gestalten. Niemals, aber auch wirklich niemals, treten in dieser Zeit die hinreichend bekannten klimakterischen Ausfallerscheinungen bei jenen Frauen auf, die mit ihrer Weiblichkeit sowohl in ihrer Bilderwelt als auch in der sexuellen Darstellung und Umsetzung derselben ausgeglichen und selbstverständlich umgegangen sind. Diese Behauptung wird im ersten Moment natürlich größten Widerstand auslösen, jedoch bleibt die Tatsache bestehen, daß hier ein Potential zur Ruhe kommen soll, das in der Vergangenheit vor allem durch oben beschriebene Bilderzeugung in individueller Weise mehr oder weniger angetrieben worden ist. Daß ein stark intensiviertes Potential sich in der Beruhigung schwieriger darstellt als im Fall einer ausgeglichenen Verwendung, dürfte dabei verständlich sein. Es bleibt grundsätzlich zu sagen, daß alle sogenannten hormonellen Beschwerden ihren Ursprung in einem Mißverhältnis zwischen dem eigentlichen Begehren und Wollen des Menschen und der in der Realität stattfindenden Tatsächlichkeit finden, was man, bei umfangreicher Betrachtung, im Grunde von *allen* Beschwerden sagen kann.

Es kann uns also nicht erspart werden, die Erkennung und Klärung des individuellen Feldes mit einer intensiven und ehrlichen Überprüfung der inneren Bilderwelt zu beginnen, über die sich die Selbst-Identifikation grundsätzlich abspielt.

Wenn man sich fragt: Wer bin ich wirklich?, so wird man die Beantwortung am ehesten durch eine Identifikationsbereitschaft mit von außen kommenden Bildern erlangen.

Hier sind wir mit einem heiklen Thema konfrontiert. Denn letztendlich würde die vorhergegangene Behauptung bedeuten, daß jegliche Handlung durch einen vorhergegangenen Indentifikationsvorgang zustandegekommen ist, aber auch jegliche Form der Selbst-Wahrnehmung und Selbst-Darstellung eine Folge von Re-Sonanz (Simmias!) auf Ein-Drücke von außen und der sich daraus orientierenden Selbst-Erkenntnis und -Erfahrung ist.

Einfacher gesagt: Es kann nur geweckt werden, was vorhanden ist.

Hier geht es aber nicht um den Vorgang als solchen, sondern um das wie!

Warum »springt« jemand auf bestimmte Eindrücke, Bilder besonders stark an? Warum fühlt sich jemand grundsätzlich von bestimmten Dingen, Vorgängen an-gezogen und ab-gestoßen?

Die Antwort fällt nach den vorherigen Überlegungen leicht: Je größer das entsprechende eigene Potential ist, um so intensiver wird identifiziert; und um so intensiver vollzieht sich im Anschluß das Wachstum oder die Minderung des individuellen Potentials, welches durch diesen Vorgang generell maßgeblich (!) an der Vergrößerung oder Verkleinerung von Potentialen durch Bei-trag oder Entzug seines Inter-Esses beteiligt ist. Oder einfacher:

Das Potential bietet sich an, man läßt es einwirken und reagiert mit zustimmendem Interesse oder ablehnendem Des-Interesse. Da Menschen aber auch noch die Möglichkeit der Maskierung haben, gibt es zusätzlich die Scheinbarkeit.

Wenn gesagt wird: Er/sie hat scheinbares Interesse, findet dann eine Identifikation statt oder nicht? Es sei an das AB-Feld erinnert, dem es völlig »gleichgültig« war, ob es mit qualitativ hochstehender oder minderwertiger Inter-Esse-Energie gefüttert wurde.

Genauso verhält es sich mit dem scheinbaren Identifikations-Interesse. Dem Individualfeld ist es gleich, ob maskiert wird oder nicht. Es ordnet das Interesse gleichgültig dort ein, wo es stattgefunden hat und damit ist die Identifikation vollzogen.

Der Nutzen oder Schaden vollzieht sich zunächst unbemerkt und könnte auch, würde jetzt ein Schlußstrich gezogen werden, in den momentanen Grenzen gehalten werden. Das Wachsen im Guten wie im Schlechten vollzieht sich jedoch durch das Begehren, welches das Appetenzverhalten erzeugt:

Wo genügend Anlagen vorhanden sind und diese auch noch entsprechend gefüttert werden, dort sorgt das Begehren für analoge Situationen, die sich um eine entsprechende Weiter-Fütterung kümmern.

Grillparzers Satz »Was du billigst noch so fern ...« bekommt angesichts eben beschriebener Vorgänge einen alarmierenden Unterton.

Wenn die Bebilderung der Seelenwelt der Aktivator für den Identifikationsvorgang ist, dann muß bei der Überprüfung der ur-sprünglichen Bilder begonnen werden, und zwar so früh wie die Erinnerung mitmacht.

Da es primär um die Klärung der Frage geht, welche Art von Mann, welche Art von Frau bin ich?, ist – die sogenannte Erziehung zunächst außer acht lassend – die Erinnerung an die ersten Wahrnehmungen in bezug auf den eigenen Körper wichtig. Viele Erwachsene erzählen, daß sie sich lange Jahre »wie ein Fremder im eigenen Körper« vorgekommen waren und sich später damit »abgefunden« oder »akklimatisiert« hätten. Auch hört man den Satz »Mein ganzer Körper war mir fremd.«

Auf der anderen Seite wird die oben gestellte Frage oft gar nicht verstanden, weil der eigene Körper von Anfang an als völlig selbstverständlich empfunden und damit nicht mehr als im üblichen Rahmen mit Aufmerksamkeit bedacht wurde.

Es ist bezeichnend, daß bei analytischer Fragestellung die Eigenbezeichnung »Fremder im eigenen Körper« fast ausschließlich von Menschen verwendet wurde, die der Gruppe (–)Mann oder (+)Frau zuzuordnen sind, während diejenigen, welche von der Körperfremdheit als Ganzem sprachen, grundsätzliche Probleme mit dem Mensch-Sein hatten. Zur Verständniserleichterung für die »ganz Normalen«:

Es gibt Menschen, die bis ans Ende ihres Lebens ihre körperliche Darstellung als Mißgriff betrachten. Sie können sich mit ihr, unabhängig vom Geschlecht, nicht wirklich identifizieren. Ohne den geringsten Nachweis traumatischer Kindheitserlebnisse (Gewalt, Mißbrauch), sind sie dennoch generell körperfeindlich eingestellt. Scheinbar haben sie eine »Erinnerung« an Existenzformen, die einem in seiner Darstellung der Schwerkraft und den sonstigen Gesetzen des Daseins entsprechenden Menschenkörper in keiner Weise gleichkommen. Hier ist es besonders schwer, nachträglich Bezugsidentifikationen herzustellen, da dies am leichtesten über Wahrnehmung des Geschlechts zu erreichen ist, aber gerade dieser Identifikation hier am heftigsten widerstanden wird. Da diese Empfindung als Krankheitsbild (wahrscheinlich fälschlicherweise) gewertet wird und es nicht Aufgabe und Bestreben dieses Buches ist, sich mit als pathologisch zu bezeichnenden Zuständen zu befassen, beschäftigen wir uns zunächst mit den Menschen, die ihren Körper vom Geschlecht her als »fremd« betrachten und empfinden. Der Vorgang wird am besten verstanden, wenn die Grundsätzlichkeit der Ur-Ideen noch einmal überdacht und nun auf die beiden Geschlechter übertragen wird. Sie bedeutet dann, daß Energie nach außen abgegeben und daß Energie empfangen und bewahrt wird.

Instinktiv wird der eher (–)gepolte Seelenkörper genauso wie sein Antipode feststellen, daß seine Darstellung nicht hundertprozentig mit seiner Vorstellung konveniert. Nun hängt alles von der Akzeptanz oder der Ablehnung dieses Zustandes ab, was wiederum in hohem Maße erziehungs- und milieubedingt ist. Wesentlich wirkt sich dabei aus, wie Mutter und Vater sich dem Kind darstellen und wie sie von ihm empfunden werden, wobei es wieder eine sekundäre Rolle spielt, wie die beiden wirklich »sind«.

Es muß wohl kaum erwähnt werden, welche Auswirkungen es haben muß, wenn eine Mutter instinktiv die weiblichen Anteile ihres Sohnes wahrnimmt und diese begeistert füttert und betont. Dasselbe kann natürlich ein diesbezügliches Erahnen und Unterdrücken der Tendenz bewirken. Das Gleiche spielt sich ab, wenn, wie in dem vorher beschriebenen Fall ein (+)gepoltes Mädchen Entsprechendes erlebt, oder umgekehrt, in der Tendenz übermäßig zur Betonung angehalten wird, was oft eintritt, wenn die Familie »lieber« einen Sohn gehabt hätte.

Nun kommt es auf den Charakter des Kindes an, wie weit es diesen Einflüssen und Anforderungen entspricht oder widersteht.

Hier wird die zukünftige Entwicklung im wesentlichen festgelegt. Und hier zeigt sich auch zum erstenmal, wie weit ein Mensch bereit ist, sich im Namen der Liebe zu opfern.

Kinder orientieren sich primär an der Reaktion der Bezugspersonen und entwickeln auf natürliche Weise ein Gefühl dafür, was »ankommt« und was eher Mißfallen erregt.

Die Bereitschaft zur Ab-Hängigkeit erfährt hier ihre erste und maßgeblichste Anforderung und Prüfung. Ist, um geliebt zu werden, der eigene Anspruch dem fremden untergeordnet worden, gibt es in Zukunft kaum mehr ein Zurück.

Um das »wirkliche Ich« festzustellen, muß also die Erinnerung an frühes Kindheitsverhalten noch einmal erweckt werden.

Wie war ich wirklich?

Wie habe ich mich wahrgenommen und wie und wann habe ich mit innerem Widerwillen, um Schwierigkeiten zu umgehen, den leichteren Weg der Entsprechung und Anpassung gewählt?

Jeder Mensch – das sei von vorneherein gesagt – läßt sich korrumpieren. Als Kind noch unbewußt und der Entsprechung folgend, als Jugendlicher und Erwachsener immer bewußter und spekulativer. Doch genau daraus erwachsen sämtliche späteren Schwierigkeiten, nicht nur die Partnerschaft betreffend.

Wer immer und immer wieder um des lieben Friedens willen nachgegeben hat, wird zuletzt auch in der Wahl des Berufes entsprechen und sich in der Wahl des Partners äußeren Beeinflussungen nicht entziehen können.

Jeder Therapeut kennt die tief unzufriedenen und verzweifelten Menschen, die (meist zwischen ihrem 35. und 45. Lebensjahr) in der Praxis auftauchen mit Depressionen, für die es, oberflächlich betrachtet, keine Erklärung gibt.

Leider wird dann von therpeutischer Seite oft der Fehler begangen, im Zuge einer scheinbar nötigen Analyse mehr schlafende Hunde zu wecken, als eine wirkliche Harmonisierung und Beruhigung der Seele des Menschen zu erwirken. Wieder hängt es von der Intuitionsbegabung des Therapeuten ab, inwieweit ein Erfolg verzeichnet werden kann oder die Unzufriedenheit noch verstärkt wird, weil der Kern des Un-Glücks nicht begriffen wurde.

Geschieht der Vorgang der Klärung durch selbständige Erkenntnis und Ursachenforschung, wird der Ausgleich des Ungleichgewichts nie ohne Hilfe vor sich gehen, da eine mehr oder weniger radikale Umstellung des Lebens und der Rituale, also der Grundsätzlichkeiten der Existenz vollzogen werden muß.

Doch zunächst sei eine Reihe von Fragen aufgezählt, welche die momentane Disposition aufklären kann:

1. Wann und bei wem handle ich erkennbar und immer wieder gegen meine eigentlichen Interessen?

2. Wann und wem gegenüber lege ich erkennbar und immer wieder Maskierungen an?
3. Welche Vorteile erwarte ich oder habe ich tatsächlich durch diese Handlungen erfahren und welche Nachteile sind mir dadurch erwachsen?
4. Welche Personen fordern die vorher genannten Handlungen erkennbar und immer wieder im besonderen heraus?
5. Welchen ersten Bezugspersonen meines Lebens ähneln diese Personen?
6. Welches war das größte Erfolgserlebnis meines bisherigen Lebens?
7. Welche Personen tauchen in diesem Zusammenhang in meinem Gedächtnis auf?
8. Welches würde das größte Erfolgserlebnis meines bisherigen Lebens sein?
9. Welche Personen müßten in dieses Erlebnis integriert sein?
10. Welches war die größte Beschämung meines bisherigen Lebens?
11. Welche Personen tauchen in diesem Zusammenhang in meinem Gedächtnis auf?
12. Welches wäre die größte Beschämung, die mir in meinem Leben widerfahren könnte?
13. Welche Personen tauchen in diesem Zusammenhang in meiner Vorstellung auf?
14. Würde mir jetzt und heute die gute Fee erscheinen und mir ein völlig neues Leben anbieten, wie würde es aussehen? Was würde ich beibehalten, was würde ich eliminieren? Wer und was würde ich in jeder Beziehung in diesem neuen Leben sein? Welche Personen würde ich auf keinen oder jeden Fall in diesem neuen Leben treffen wollen?

Wer gewillt ist, diesen Fragenkatalog ehrlich und in dem Bestreben, sein Leben wirklich klären zu wollen, zu beantworten, dem sei angeraten, dieses zuerst in völlig zurückgezogener Besonnenheit zu unternehmen, um dann den Vorgang noch einmal mit einer Person, die absolutes Vertrauen genießt (wer wird gewählt?), zu wiederholen.

Die Wiederholung des Vorganges ist deswegen nötig, um den Unterschied der persönlichen Empfindungen zu erleben, welche durch die Anwesenheit des anderen (AB-Feld!) erzeugt werden.

Vieles, was uns im stillen Kämmerlein groß und wunderbar vorgekommen ist, wird angesichts eines Teilnehmers noch größer und wunderbarer, oder viel weniger interessant. Dagegen wird auch vieles, was uns die Tränen in die Augen getrieben hat, angesichts unseres Geständnisses eher lächerlich und übertrieben vorkommen.

Schon allein durch dieses Procedere werden Sie Ihre Beeinflußbarkeit und Entsprechungswilligkeit mühelos erkennen können.

Lassen Sie die Frage 14 solange außer acht, bis die restlichen Fragen wirklich eindeutig geklärt sind.

Suchen Sie bei der Beantwortung der Fragen 1 bis 5 nicht nach exponierten und seltenen Situationen, sondern bleiben Sie bei den eher unauffälligen kleinen Alltagsvorkommnissen, wie z. B. den beliebten Telefonaten, bei denen allein schon die Namensnennung des Anrufers böse Ahnungen weckt, weil der schon zu oft erfahrene und erlittene Sermon die Nerven und die Geduld in der Vergangenheit überstrapaziert haben.

Woran liegt es, daß der Mut, der Person eine eindeutige Abfuhr zu erteilen, einfach fehlt, und man lieber »höflich« ist und scheinbar teilnehmend zuhört (akzeptiert!)?

Es ist in diesem Zusammenhang nutzvoll zu wissen, daß ungeliebte AB-Felder auch durch Kontakte wie Briefe und Telefonate stabil gehalten werden – in diesem Fall durch die andere Person, die durch die »Höflichkeit«, also die Entsprechung, niemals die Gelegenheit bekommt, die Belastung, die sie darstellt, zu erkennen und vielleicht zu korrigieren. Die Angst, zu »beleidigen« und dadurch vielleicht einen, wenn auch vermutlich unwichtigen Partizipanten des generellen Ritualkreises zu verlieren, ist fast immer größer als die Angst vor der eigenen Be-Leidigung.

Der gesamte, scheinbar unwichtige Vorgang repräsentiert jedoch nur eine viel tiefere Schicht unserer Persönlichkeitsstruktur, welche mit dem Wahrnehmungsbegehren, also mit dem »Geliebtwerden« zu tun hat. Wer als Kind die Erfahrung des Liebesentzugs als Strafe für Nichtanpassung und nicht geleistete Entsprechung erlitten hat, wird auch später aus dieser Erinnerung heraus bei allen Situationen, die sich auch nur annähernd ähnlich abspielen, zumindest scheinbar versuchen, zu entsprechen. Die Kunst, höflich, aber bestimmt »Nein« zu sagen, wird jedoch in der Erziehung weniger vermittelt als das angenehme »Ja, bitte, danke«. Nur wenige Kinder und Jugendliche durchschauen diese Mechanismen und korrigieren die damit zusammenhängenden Entsprechungen im Moment der Unabhängigkeit. Viel öfter ist zu beobachten, daß sich Aggressionen bilden und später, vor allem an den Partnern ausgelassen werden, welche an die Personen erinnern, von denen die Repression ausgeübt wurde.

Hier können wir auch die Erzeugung der vielbesprochenen Täter/Opfer-Beziehungen erkennen, welche sich in Partnerschaften als gemilderte Version von Quäler und Leidtragendem darstellen, was eine der beliebtesten Formen der AB-Felderzeugung ist. Beide Teilnehmer dieses

Feldes haben in Kindheit und Jugend Unterdrückung erfahren. Der eine jedoch reagierte seinem Charakter gemäß aggressiv, während der andere lieber duldete und litt.

Genauso, wie jedes Instrument die Möglichkeit besitzt, schrillste und dumpfeste Töne zu erzeugen, so ist auch in den Anlagen eines jeden Menschen die Freude, Qual und Unterdrückung zu empfinden wie zu erdulden, vorhanden. Die Frage ist nur, wie dieses Anlagenpotential verwendet und verwaltet wird.

Die Charakterkonstellation und Qualität zeigt sich früh in der Identifikationsbereitschaft. Bei dem erdrückenden Angebot an Bildern, mit denen schon Kinder konfrontiert werden, ist der Anreiz um so intensiver und verlockender, zumal die Bequemlichkeit, die ebenfalls in jedem Körper schlummert, lieber erzeugen läßt als selbst herstellt.

Durch diese Bedienung von außen verliert die Seele ihre autochthonen Fähigkeiten, den Reichtum menschlicher Seelenlebendigkeit selbst zu entfalten. Die Gefährlichkeit besteht vor allem darin, daß die Bilder von den Fernsehschirmen und Kinoleinwänden wirklicher zu sein versprechen als das Geschehen im Draußen. Dadurch wird eine Steuerung der Bebilderung der Seele bewirkt, die sich willig dieser angenehmen, scheinbaren Hilfestellung hingibt und sich damit einem Identifizierungsanreiz ausgesetzt sieht, dem ein junger Mensch noch keinesfalls selektierend widerstehen kann. Durch die Überflutung wird außerdem die Innenschau, die Erinnerung modifiziert, welche die Grundlage dafür bildet, eine klare Vorstellung von der Zukunft zu erzeugen, die der Wegweiser für eine erfolgreiche und hoffnungsvolle Entwicklung eines Menschen ist. Die Desorientierung und »Null-Bock«-Einstellung vieler Jugendlicher kommt daher, daß sie nie angehalten worden und deshalb außerstande sind, über sich selbst wirklich nachzudenken, ein Bild von sich zu bekommen. Der Hunger der Seele, vollkommen zu werden, aber bleibt und zeigt sich in einer gierigen Konsumation der geistlosesten und minderwertigsten Bildsensationen, die aber wieder nur eine weitere Verkümmerung der persönlichen Imagination der Seelenwelt bewirkt. Diese Degeneration entfernt von der Ur-Idee, die uns einzig sagen kann, wer und wie wir sind.

In der Folge und in diesem Zusammenhang entstehen Konzentrationsschwächen, Aggression und Nervosität, die aus dem inneren Wissen der »unerledigten Aufgabe« resultieren.

Wer sich also heute als Erwachsener entschließt, die Suche nach seinem persönlichen Wer und Wie aufzunehmen, sollte die dringende Empfehlung befolgen, eine Zeit der Ruhe einkehren zu lassen. Je schwerer es fällt, diese Ruhe einzuhalten, um so dringender hat man eine solche Ruhestellung nötig.

Tonnen von Psychopharmaka bräuchten nicht mehr zur Anwendung gebracht werden, wenn der latente Wunsch, den Fernsehapparat hinauszuschmeißen, als absolute Notwendigkeit erkannt und befolgt werden würde. Die Zeit der Erkennung und Klärung des Individualfeldes sollte sehr bewußt als Chance und Rück-Erinnerung an ein besseres und bewußteres Leben wahrgenommen werden. Ein ungeklärtes Individualfeld wird immer durch seine Ausstrahlung für eine Aufklärung zu sorgen suchen. Daß dieses Bedürfnis naturgemäß Situationen und Partner anzieht, welche diesen Ansporn erfüllen, muß nicht nochmals betont werden.

Wer für sich diese 14 Fragen beantwortet hat, müßte eigentlich mit geschärftem Auge durchs Leben und auf Partnersuche gehen können, wohlwissend, daß er wieder nur seinem Spiegel begegnen wird. Je intensiver also vorher die »Affenbrotbäume« entfernt worden sind, oder zumindest erkannt und unter Aufsicht gestellt wurden, desto größer sind die Aussichten, dem inneren Partnerbild eine klare Entsprechung verschaffen zu können.

Als kleine Erleichterung auf diesem Weg soll eine weitere Befragung Hilfestellung geben:

1. Was ist mein wirkliches Begehren und meine wirkliche Vorstellung in bezug auf Partnerschaft?
2. Welche dieser Begehrlichkeiten und Vorstellungen bin ich von vornherein auf keinen Fall bereit, aufzugeben?
3. Welche dieser Begehrlichkeiten und Vorstellungen bin ich eventuell bereit, aufzugeben?
4. Welchen Preis bin ich bereit, auf keinen oder jeden Fall zu bezahlen?

Hier geht es wieder um die Klärung der Grundsätzlichkeit von persönlicher Akzeptanz und Negation, also um die Klärung der eigenen Charakter- und Persönlichkeitsstruktur. Veranlagungen wie Käuflichkeit, Nachgiebigkeit, Beharrlichkeit, Sentimentalität und Süchtigkeit müssen im Rahmen dieser Selbstbefragung unbedingt zur Sprache kommen.

Gleichgültig, ob Sie eine vergangene, bestehende oder erhoffte Partnerschaft aus diesen Gesichtspunkten heraus betrachten, es wird sich auf jeden Fall herausstellen, wo Ihre wirkliche Motivation ist.

Im Zuge all dieser Selbst-Befragungen wird sich auch geklärt haben, wie Sie sich nunmehr selbst beurteilen, was Ihre Sexualität und die Verwirklichung der damit verbundenen Ansprüche angeht.

Keine sogenannte »starke Frau« kann erwarten, daß sich ihre Partner präsentieren, welche ihr die sehnsüchtig erwartete starke Schulter bieten, genausowenig wie der »Softie« wohl kaum mit einem samtweichen Kätzchen rechnen kann.

Wer sich solche Partner durch Maskierung heranzieht, wird für die Täuschung mit Enttäuschung bezahlen müssen. Warum ist es so unendlich schwer, sich selbst zuzugeben, wie man wirklich ist? Und damit auch festzustellen, daß die Zielrichtung bis jetzt nicht gestimmt hat?

Wer mit anderen Menschen erträgliche Mischfelder herstellen will, muß sich zuallererst selbst erträglich werden, bevor wir vom großen Thema »Liebe« sprechen, das bis jetzt bewußt vermieden worden ist.

Wenn die Voraussetzung für die Liebe eines anderen Menschen die Eigen-Liebe ist, dann muß der Zusammenhang zwischen Eigen-Wahrnehmung, Eigen-Einschätzung und Eigen-Wert-Schätzung im Gegensatz zum Egoismus begriffen werden.

Das Recht, in völliger Individualität und Originalität von anderen Menschen wahrgenommen zu werden, gehört nicht nur zum Geburtsrecht und zur Würde des Menschen, sondern vor allem zu seiner Geburtspflicht, die verlangt, daß er durch Beschäftigung mit sich und seiner Seele seine Individualität und Originalität erkennt, und damit fähig wird, seinen Platz in dieser Welt und an der Seite eines entsprechenden Partners zu finden.

Wer erwartet, daß diese Pflicht von anderen für ihn erledigt wird, der wird im wahrsten Sinne des Wortes von den anderen »erledigt« werden.

Wenn es wahr ist, daß die ganze Menschheit seit ihrem Bestehen nach Glück und Liebe sucht, dann kann der Mißerfolg der Suche nur darin bestehen, daß die Menschen nicht begreifen wollen oder können, daß die Voraussetzung für das Erlangen des völlig subjektiven Glücklich-Seins und der Liebe die innere Gewißheit sein muß, daß man glücklich und geliebt sein *kann*.

Glück und Liebe wird von vielen Menschen wie ein Absolutum begriffen. Es ist ein ferner Traum, von dem man gehört hat, und der auf den Bildschirmen der Welt durch die raren Fabelwesen, welche diese Potentiale für sich gepachtet zu haben scheinen, repräsentiert wird. Diese Repräsentanten werden bewundert, angestaunt, verehrt, sogar angebetet, aber erreichen durch ihre Unechtheit leider nicht das, was die Aufgabe eines Vorbildes ist und bleibt: Durch ein tatsächlich gelebtes Potential die Menschen anzuregen, ihre eigenen Potentiale ebenfalls zu erleben. Je mehr die eigenen Potentiale eröffnet werden, je mehr sie ausgebildet, vervollkommnet und verschönert werden, um so mehr verdichtet sich das Individualfeld eines Menschen.

Durch diese Verdichtung entsteht jenes Spannungsfeld, das schon so oft zur Sprache gekommen ist, welches Signale aussendet, die andere annehmen und identifizieren wie einen Geruch. Nach diesem Geruch richtet sich unsere ganze Umgebung und dieser Geruch ist es auch, der dem Gegenüber, den anderen mitteilt, wes Geistes Kind wir sind, wozu wir uns entschlossen haben und wem wir zugehörig sind. So entstehen zwei Kategorien: Die Menschen, welche den Geruch des Glücks ausströmen und jene Menschen, welche den Geruch des Unglücks um sich verbreiten.

Jedes AB-Feld lagert diese Gerüche ein, nimmt sie an wie ein Raum, ein Zimmer, und verbreitet sodann einen Gesamtgeruch, der wieder primär den beiden benannten Kategorien zuzuordnen ist. Und wieder gesellen sich diejenigen, welche sich als ebenbürtig erkennen.

Der Geruch von Glück und Unglück

Jeder Mensch, der auf einem Bauernhof aufgewachsen ist, weiß, daß es neben Brand, Hagelschlag und Seuchen eine Bedrohung gibt, vor der jeder Landwirt sich fürchtet: Ratten!

Ratten sind intelligent und haben eine stabile Sozialstruktur, welche ihnen ein Überleben auch unter härtesten Bedingungen möglich macht. In sämtlichen Versuchslaboratorien der Welt sind Ratten äußerst beliebte Versuchsobjekte, vor allem, wenn es darum geht, Verhaltensweisen zu erforschen. Aus diesen Forschungsserien wissen wir auch, daß – will man eine Ratte umbringen – es genügt, sie aus ihrem Sozialverband zu entfernen und sie mitten in eine fremde Rattengruppe zu setzen. Innerhalb weniger Stunden, so kann man gewiß sein, wird die Ratte tot im Käfig liegen. Nicht,weil die anderen sie totgebissen hätten oder sie verhungert oder verdurstet wäre. Nein, sie stirbt aus Angst. Ratten erkennen ihre gegenseitige Stammeszugehörigkeit an einem spezifischen Kenn-Duft, den sie durch ihre Drüsen absondern und schon ihren Neugeborenen durch ständiges Reiben vermitteln, wodurch sie ihnen die Zugehörigkeit und das Überleben sichern. Gerät eine Fremdratte in diesen Verband, wird ihr Geruch als nicht stammeszugehörig erkannt und sie selbst als Feind und unerwünschter Eindringling deklariert. Ab diesem Moment beginnen sämtliche Ratten eine Geruchsinformation auszusenden, die dem Eindringling unmißverständlich vermittelt, daß dafür gesorgt werden wird, daß er nie wieder störe, wenn er nicht sofort aus dem Verband verschwinde. Es entsteht eine gemeinschaftlich erzeugte Duftwolke, die von der Fremdratte als dermaßen bedrohlich empfunden wird, daß sie buchstäblich vor Angst stirbt.

Zu verhindern wäre dieser wenig erfreuliche Vorgang dadurch, daß man eine Ratte des Verbandes solange an der Fremdratte reibt, bis die verräterische Information so weit übertüncht ist, daß sie nicht mehr identifiziert werden kann.

Zu Beginn dieses Buches war die Rede von einem Pachtvertrag, den wir im Moment der Inanspruchnahme eines Menschenkörpers mit dieser Erde geschlossen haben. Leider gehört zum Kleingedruckten dieses Vertrages auch der Hinweis, daß auf Geruchszugehörigkeiten selbst geachtet werden muß und bei eventuellen Schäden nicht gehaftet werden kann.

Obwohl das Thema viel weitreichender abgehandelt werden könnte, wollen wir es auf die Wahrnehmung des grundsätzlichen Geruchs des Glücks und des Unglücks beschränken, den Menschen, ohne es zu merken, so eindeutig um sich verbreiten wie ein angenehmes oder weniger reizvolles Odeur.

In einem bezaubernden Märchen der Meistererzählerin Elsa Sophia von Kamphoevener, welches »Der Geliebte der Nacht« heißt, verliebt sich ein reicher Kaufmann in die bitterarme, aber wunderschöne Tochter eines Händlers und verkündet seiner Mutter die frohe Botschaft, verbunden mit dem lobenswerten Entschluß, dieses Wunder an Anmut und Wohlgestalt ehelichen zu wollen.

Die Mutter, eine kluge alte Frau, schlägt die Hände über dem Kopf zusammen und beginnt ihrem Sohn mit einem unablässig vorgetragenen Sing-Sang auf die Nerven zu gehen, der folgenden Text beinhaltet: »Mein Sohn (Pause), die Armen sollen bei den Armen bleiben und die Reichen bei den Reichen (Pause, Seufzen), so will es Allah (Pause). (Seufzen). Mein Sohn (Pause), die Armen ... usw. usw.«

Überflüssig zu erwähnen, daß die Mutter am Schluß natürlich gewinnt (Revierhalterin, Ritualerzeugerin). Nicht, weil sie recht hat, sondern weil die Nerven des Sohnes nach einigen Tagen der ständigen Zermürbung (eine Spezialität von Revierhaltern) dem Drängen nicht mehr standhalten können.

Jede Erzählung wird immer dann besonders wirkungsvoll, wenn sie die peinlichen, aber nie gern gehörten Fünkchen von Wahrheiten entweder versucht ad absurdum zu führen oder sich über sie lustig macht, was auch hier geschieht.

Nicht zu Unrecht ist auch das Märchen von Aschenputtel, das am Schluß den Prinzen dennoch »bekommt«, nicht mehr als eine Symbolgeschichte, die, wenn auch sehr verschlüsselt und verhalten dafür sorgt, daß Gleiches sich mit Gleichem gesellt. Für diejenigen, die es vergessen haben: Aschenputtel ist, wenn auch verwaist, edelster Abstammung.

Das Appetenzverhalten heißt in diesem Falle »gute Fee« und sorgt nicht nur dafür, daß sich die Richtigen in die Arme fallen, sondern auch für eine saftige Rache an all denen, welche dieses verhindern wollten. Die innere Genugtuung, die der Zuhörer und Betrachter durch eine solche oder ähnliche Erzählung erfährt, entsteht immer dadurch, daß die anscheinende Unmöglichkeit widerlegt wird, daß eine Fremdratte trotz offensichtlicher Übermacht obsiegt, was nur mit Hilfe höherer Gewalten oder dem Nachweis einer offensichtlichen Überqualifikation gelingt.

Das Rezept funktioniert immer, egal ob die Mär von Rambo, Sissy oder Napoleon Bonaparte handelt, weil es die folgende Botschaft vermittelt: »Egal, wer du bist, egal, woher du kommst, du kannst ganz nach oben kommen. Selbst wenn du am Schluß auf St. Helena landest, ist dennoch bewiesen worden: Alles ist möglich, wenn du nur weißt, was du willst und durchhältst.«

Dieses Streben in die höchsten Ränge ist in der Seelengenetik eines jeden Menschen tief verankert, was sich bei den Kindern darin zeigt, daß sie sich als Mädchen am liebsten als Prinzessin, als Junge am liebsten als Indianerhäuptling verkleiden.

Im wirklichen Leben jedoch hilft, zumindest anfänglich, keine Verkleidung. Schon im Kindergarten zeigt sich, wer später vermutlich auf der Gewinner- und auf der Verliererseite anzutreffen sein wird und bekommt durch seine Ausstrahlung automatisch seinen Rangordnungsplatz im Rudel. Niemand, der im Kindergarten ein absoluter Eckenhocker war, wird später Bundeskanzler, genausowenig wie niemand, der in dieser Zeit der absolute Anführer war, später als namenloser Befehlsempfänger sein Brot verdienen wird. Früh zeigt sich, wer Schmidt und wer Schmidtchen ist.

Natürlich gibt es Entwicklungen, überraschendes Erwachen, unerwartete Veränderungen, aber diese sind selten und für den erfahrenen Beobachter durchaus zu prognostizieren.

Ob wir zustimmen wollen oder nicht: Wir sind prädestinativ geboren.

Die Umgebung, in die wir geboren werden, spielt dabei die geringste Rolle. Diese Behauptung hat nichts mit fatalistischem Determinismus zu tun, sondern ausschließlich mit aus Beobachtung resultierender Erfahrung. So klar unterschwellig wahrnehmbar wir den »Geruch des Männlichen oder Weiblichen« unserer Umgebung vermitteln, so klar vermitteln wir auch, ob wir gewillt sind, uns auf die Seite der Gewinner oder Verlierer einordnen zu lassen.

Natürlich kann die Erziehung eine entsprechende Entwicklung erschweren oder begünstigen, sie kann auf keinen Fall etwas aktivieren, was nicht tatsächlich vorhanden ist. Hier zeigt sich auch der Unterschied zwischen frommen Wünschen und tatsächlichem Begehren, zwischen »ich möchte doch so gerne« und »ich will und werde«.

Eine wertfreie Erkenntnis dieser Disposition würde so manche Enttäuschung ersparen, so manche überspannten Erwartungen mildern, aber auch Ahnungen und Hoffnungen aus dem Bereich der Vermutlichkeit in die Gewißheit der Bestimmung leiten.

Dies ist keine Gottvaterzuweisung, zur Rechten oder Linken Platz zu nehmen, sondern eine Aufforderung, sich eine Basis der Selbst-Gewißheit zu verschaffen, von der aus eine optimale Entwicklung betrieben werden kann.

Die Basis, die primär vorhanden ist, zeigt sich durch das, was wir selbst in dieses Leben eingebracht haben: Eine Seele und einen ihr entsprechenden Körper, die zusammen in der Lage sind, Geist aufzunehmen, zu verwenden und nach unserer Vorstellung (Imagination) zu formen. Aus dieser Mächtigkeit und der Art und Weise, wie wir diese erkennen und einsetzen, entsteht der »Geruch«, der uns automatisch den Platz vermittelt, auf dem wir entsprechend wirksam werden können. Deswegen, und nicht weil »die Welt so klein ist«, treffen immer wieder die gleichen Leute aufeinander, als hätten sie geheime Verabredungen in einer sich dem Bewußtsein entziehenden Unsichtbarkeit getroffen. Aber auch deswegen treffen unweigerlich der berühmte Mörder und ein angeblich so armes Opfer aufeinander. Die »murder and victim theory« würde wesentlich leichter verständlich und akzeptabel werden, wenn man das Wort »Opfer« gegen »Selbst-Mörder« austauschen würde. Dadurch wird das Spiel der Synchronizität zwar nicht weniger fatal, jedoch logischer. Niemand, der überfallen, bestohlen, mißbraucht, gedemütigt und geschlagen worden ist, wird gerne hören, daß er selbst seinen Quäler zum Tag und zur Stunde bestellt hat. Solange wir aber nicht in der Lage sind, uns genau diesen Umstand einzugestehen, solange können wir auch nicht das Muster auflösen, mit dem wir uns identifiziert und synchronisiert haben.

In diesem Zusammenhang muß der Begriff »Synchronizität« verständlich gemacht werden, und zwar in der Unterscheidung zum Begriff »Synchronismus«, der das Zusammentreffen von nicht zusammenhängenden Ereignissen zur selben Zeit beinhaltet. Die wesentlichste Unterscheidung findet durch die Sinngebung statt, womit wir wieder bei Eric Kandel angekommen sind, der, wie bereits in der Erklärung zu Punkt 8 betrefflich der Entstehung und Auflösung von AB-Mischfeldern erwähnt, von der aktiven Wirkung, die Bedeutung und Sinn auf den Menschen erzeugen, gesprochen hat.

In der Ausgabe des »Scientific American« vom September 1979 wird Erich Kandel fast bedrohlich deutlich, wenn er sagt: »Ist die neuronale Maschinerie einer Person in Tätigkeit, dann ist sie in der Lage, selbst bei dem simpelsten sozialen Aktionen, wie zum Beispiel der Konversation von zwei Menschen, direkte und langanhaltende

Wirkungen auf die variablen synaptischen Verbindungen im Gehirn des anderen auszuüben.

Das Procedere ist wie folgt:

Der Gedanke existiert.
Ich denke den Gedanken.
Der Gedanke erfüllt mich (denkt mich).
Ich werde zum Gedanken.
Ich übertrage den Gedanken auf einen anderen.
Er denkt den Gedanken (Akzeptanz, Identifikation).
Der Gedanke erfüllt ihn.
Er wird ebenfalls zum Gedanken.
Der Gedanke verstärkt sich durch An-Teil-Nahme.
Wir sind Teil des Gedankens und dadurch miteinander verbunden.
Wir erschaffen den Gedanken neu.
Ein Gedanke existiert.
Usw.«

So wird ein Gedanke von einem A-Feld auf ein B-Feld übertragen und erfährt durch die Teilnahme beider eine Komprimierung.

Stehen zwei oder mehrere Menschen miteinander in Verbindung, so funktioniert diese Gedankenübergabe auch über weite Entfernungen, was gerne mit »Telepathie« bezeichnet und dem Bereich des Übersinnlichen zugeordnet wird. Nach allen vorherigen Erklärungen kann jedoch behauptet werden, daß dieser Vorgang eher natürlich ist. Das angebliche Phänomen spielt sich aber auch zwischen Menschen ab, die äußerlich gesehen nicht direkt miteinander zu tun haben. Sie synchronisieren sich über das Muster, das dem Gedanken zugrunde liegt und dem sie selbst entsprechen. Damit entfalten sie ihr individuelles Bewußtsein in diesem und durch diesen Gedanken und treten damit in Wechselbeziehung mit der Welt im allgemeinen.

Wenn der blinde Seher Teiresias seinem König Ödipus sagt, daß jedes gesprochene Wort eigene Macht gewinnt und in Ewigkeit wirkt, so kann man entsprechend dazu anführen, daß die Gedanken, die das Wort erzeugt haben, noch mächtiger sind, da sie aus einem riesigen Potential entnommen sind und durch die individuelle Sinngebung im Wort verwendet und dadurch am Leben erhalten werden.

Ein Potential ist immer dann der Auflösung nahe, wenn es sich selbst überlassen wird und keine Teilnehmer mehr findet, die es mit Energie füttern und damit existent halten.

Würde z. B. das kompositorische Werk Mozarts keine Verwendung, keine Beachtung mehr finden, so würde es in Chaos und Unordnung zerfallen. Solange wir jedoch das Potential wahrnehmen und daran partizipieren, wird es lebendig bleiben, und zwar entsprechend der Intensität, mit der wir damit umgehen.

Hier ist auch der Grund dafür zu finden, weshalb AB-Felder, die noch mit Gedanken gefüttert werden, bestehen bleiben, selbst wenn die Teilnehmer sich – äußerlich gesehen – schon längst getrennt haben.

Über diese Wahrnehmung, diese Gedanken, halten wir die Verbindung aufrecht, bewußt oder unbewußt. Die Gedankenwelt, die wir in uns bilden und die wir als die für uns einzig existierende Welt empfinden, erzeugt eine Abstrahlung, welche die Außenwelt als die eines »glücklichen« oder »unglücklichen« Menschen beurteilt. Davon angezogen oder abgestoßen gesellt sich dazu, was entspricht.

Die Psyche des Menschen hat dafür gesorgt, daß Begriffe entstanden sind wie Liebe, Haß, Neid, Freude, Hoffnung, Krankheit und vieles mehr. Mit der Fest-Stellung der Bezeichnung (Namensgebung) hat die endgültige Manifestation des Kontingentes (Feldes) stattgefunden, das nun solange leben und gedeihen wird, solange es auch nur einer noch mit Teilnahme füttert.

Die Art und Weise sowie die Intensität, mit der wir an diesen Kontingenten teilhaben, hält diese Verbindung nicht nur aufrecht, sondern läßt uns auch ihren spezifischen Indentifikationsgeruch annehmen. Dieser ändert sich erst, wenn wir uns durch einen anderen Menschen entschließen, die Teilnahme aufzugeben. Dazu ein Beispiel:

Frau S. hat eine sogenannte schwere Kindheit hinter sich. Die Eltern ließen sich früh scheiden und vermieden danach jeglichen Kontakt miteinander. Das Kind wurde bei den Großeltern untergebracht, denen die Belastung jedoch bald zu viel wurde, und so kam es in ein Heim. Die dort verbrachte Zeit bezeichnet Frau S. noch heute als Hölle. Nach Beendigung der Mittelschule wurde sie als Lehrling in einem Friseurgeschäft untergebracht; mit diesem Beruf konnte sie sich weder identifizieren noch wollte sie es. Sie empfand sich als ausgenützt, überfordert und ungerecht behandelt und entwickelte bald eine Hautallergie, welche sie zur Aufgabe des ungeliebten Berufes zwang. In dieser Zeit lernte sie einen Automechaniker kennen, in den sie sich verliebte, aber bald feststellen mußte, daß er es mit der Treue nicht allzu genau nahm. Zu einer Trennung konnte sie sich jedoch nicht entschließen, was sie damit begründete, daß ihr Leben ohne diesen Mann keinen Sinn hätte. Sie erlernte den Beruf einer Anwaltssekretärin und erfüllte in diesem ihre

Pflichten korrekt, aber ohne besondere Begeisterung. Bedingt durch ein Magenleiden war sie gezwungen, die Stelle mehrmals zu wechseln, und landete zuletzt als Aushilfskraft in einer Sozietät, wo sie ausschließlich als Schreibkraft Verwendung fand. Ihre Liebesbeziehung fand durch die Heirat des Mannes eine vorherzusehende Beendigung, welche sie der Außenwelt als ungewollt darstellte, da der Mann eigentlich nur sie liebe und von der anderen Frau zur Ehe durch eine Schwangerschaft gezwungen worden sei.

Tatsächlich nahm der Mann nach einiger Zeit das Verhältnis mit ihr wieder auf, das in aller Heimlichkeit bis heute andauert.

In der Beratung zeigt sich Frau S. zutiefst unzufrieden, gibt auch an, eine Veränderung zu wünschen, kann aber nicht im geringsten selbst zu dieser Veränderung beitragen.

Die immer wiederkehrenden Sätze, die sie als Begründung anführt, lauten:

»Was habe ich schon vom Leben zu erwarten, – eigentlich muß ich froh sein, wenn ich einigermaßen durchkomme, es wird schon irgendwie werden.«

Wird ihr jedoch die Frage 14 gestellt, so zeigt sich das in ihr ruhende *Potential*: Sie würde gerne eine Familie mit mindestens zwei Kindern haben, am liebsten im Süden. Als Beruf könne sie sich alles vorstellen, was »mit Menschen zu tun hat«. Auf diesen Punkt festgelegt, kommt sie schließlich zum Ergebnis, daß sie am liebsten Kindergärtnerin oder Krankenschwester sein würde. Auf die Frage, wie sie sich ihren Mann vorstelle, antwortete sie undifferenziert: »Nett soll er sein und anständig.«

Näher befragt, stellt sich heraus, daß sie davon überzeugt ist, daß alle Männer untreu sind und jede Frau damit rechnen muß, irgendwann verlassen zu werden. Deswegen sei es wichtig, daß »man sich absichere«. Es dauerte fast 15 Monate, die fatale Grundeinstellung und Erwartung zu ändern. Der erste Schritt beinhaltete eine umfassende Berufsberatung, bei der sich herausstellte, daß Frau S. ihr Bedürfnis, geliebt und beachtet zu werden, durch die angeblich erwünschten Berufe erreichen wollte, tatsächlich dafür aber gar nicht geeignet war, weil ihre nervöse Konstitution eine derartige Arbeitsbelastung nicht durchgehalten hätte.

Sie folgte jedoch der Empfehlung, die Stelle einer Verkäuferin in einer Parfümerie anzunehmen, in der sie sich wohlfühlte und wo sie sich auch allgemeiner Beliebtheit erfreute. Nach dieser ersten Betätigung ihres Lebens war der Weg einigermaßen geebnet. Sie schaffte es, die noch immer bestehende Liebesverbindung aufzugeben, weil sie, wie sie endlich erklärte, sich nicht mehr ausnützen lassen wollte. In der Zeit der Trennung entwickelte sie eine starke, chronische Nebenhöhlenentzündung, die sie selbst als »Begleiterscheinung« diagnostizierte und schließlich zur Ausheilung brachte.

Ein wesentlicher Erzeuger ihres Leidkontingents, nämlich ihre Bereitschaft und Erwartung, Leid annehmen zu wollen und zu müssen, ist nun nicht mehr in dem Maße vorhanden wie es früher der Fall war. Frau S. hat aufgehört, ihren Eltern Vorwürfe zu machen, und identifiziert sich nicht mehr mit jedem Leidpotential, das ihr begegnet. Sie ist auch nicht mehr im Gegensatz zu vorher bereit, für andere Leute den seelischen »Mülleimer« zu spielen. Sie hat aufgehört »gefällig« zu sein.

Es wurde hier mit Absicht kein spektakuläres Beispiel verwendet. Denn in dieser eher einfachen Lebensgeschichte erklären sich der Ablauf und die Programmierung völlig logisch. Früh mit Leiderfahrung durch Trennung und Einsamkeit belastet, entwickelte Frau S. eine fast masochistische Bereitschaft, Negatives aufzunehmen, als könne sie damit für ihre Eltern ein Schuldkontingent auflösen, das durch sie, wie sie sagte, in die Welt gesetzt worden war. Immer wieder betonte sie, daß die Verbindung ihrer Eltern nur wegen ihr in die Brüche gegangen sei: »Ich war ein so schwieriges Kind.«

Der Gegenbeweis war in diesem Fall leicht, weil durch relativ einfache Recherchen bewiesen werden konnte, daß die Mutter die Familie wegen eines anderen Mannes verlassen hatte und das Kind zu sich nehmen wollte, als damals noch »schuldig Geschiedene« jedoch das Sorgerecht an den »unschuldigen« Mann verlor, der das Kind kurzerhand zu seinen Eltern brachte.

Typisch war, daß es nicht der augenscheinliche Gegenbeweis war, der zur Auflösung dieses Schuldkomplexes führte, sondern die Einsicht in die Tatsache, daß ein durch diese Belastung zum Bettnässer gewordenes Kind etwas Normales ist.

Doch nicht jeder sieht sich veranlaßt, einen Berater und/oder Therapeuten aufzusuchen, da keine offensichtlichen Gründe vorhanden sind: »Ich bin weder krank, noch verrückt!« ist eine beliebte Abwehrsentenz.

Es bleibt das Wissen, daß akzeptierte und unablässig estimierte Kontingente kontinuierlich in einem Menschenleben wirken.

Der schlimmste Satz, der vor allem in der sogenannten Esoterik leider immer noch verkündet wird, lautet: »Man lernt nur durch Leid!!«

Alle »Lehrer«, die ihren gläubigen Hörern diesen Humbug verkünden, sind aktiv mitschuldig an einer negativen Entwicklung der Partizipanten dieser abstrusen Idee.

Selbstverständlich leben wir alle in einer Welt der Polarität, in der sich Glück und Leid, Liebe und Haß, Gesundheit und Krankheit, die Waage halten. Die Waage halten!

Entsprechend dazu muß es auch möglich sein, durch Glückserfahrung aufnahme- und lernfähig zu sein, wie auch tausendfach schon zu beweisen war.

Wenn es dann gleichermaßen möglich ist, an negativen wie positiven Kontingenten teilzunehmen, dann ist es die Frage wohl wert, warum Tausende von Menschen hartnäckig an ihren »Leidlehrprogrammen« festhalten.

Es wäre relativ einfach, die Lehre von den Gewohnheiten, an denen wir so hängen, daß wir sie nicht einmal für ein Füllhorn des Glücks ablegen würden, nach dem Motto »Lieber ein bekanntes Unglück als ein unbekanntes Glück« weiterzuverbreiten; sicher trägt sie ein Fünkchen Wahrheit in sich, an dem wir uns gerne delektieren. Tatsache jedoch ist, daß die fatale Bereitschaft, sich mit Leid abfinden zu wollen, aus einem Verhalten kommt, das sich sehr wohl im Gegensatz zu den nicht übertragbaren Ritualen in der Genetik verankert hat und das man als das »Schlechter Reis – schlechter-Reis-Syndrom« bezeichnen könnte, oder als »die Kunst, zu klagen, ohne zu leiden«.

In Asien ist es heute noch üblich, Glücksumstände und allzu offensichtliches Wohlergehen auf irgendeine Weise zu kaschieren, um die anscheinend ewig eifersüchtigen Götter abzulenken und zu besänftigen. Ist man bei einer reichen chinesischen Familie eingeladen, kommt man in eine »ärmliche Hütte«, hört zahlreiche Entschuldigungen für den »minderen Reiswein«, und wenn man das gute Essen lobt, freuen sich die Gastgeber zwar offensichtlich, nicht aber, ohne sofort »schlechter Reis – schlechter Reis!« zu murmeln. In unseren Breitengraden fügen wir uns symbolisch immer noch einen freiwilligen »Schmerz« zu, wenn Glück droht: Wir klopfen dreimal auf Holz.

Das zumindest ist geblieben von den Opfergaben, die wir den Göttern spenden, um von ihnen in Ruhe gelassen zu werden.

Glück scheint immer noch etwas zu sein, was eine Leihgabe ist, und den Normalsterblichen eigentlich vorenthalten werden sollte, damit sie nicht zu übermütig werden.

Die meisten von uns haben in der Schule noch das köstliche Gedicht vom König gelernt, der mit vergnügten Sinnen von seines Daches Zinnen aus auf das von ihm bestens beherrschte Samos blickt und seinen ägyptischen Kollegen durch seine anhaltende Glückssträhne in solche Angst und Schreckenszustände versetzt, daß dieser fluchtartig das so sichtlich übergesegnete Haus verläßt. Kernsatz der Ballade ist der Satz:

»Drum willst du dich vor Leide bewahren,
so flehe zu den Unsichtbaren,
daß sie zum Glück den Schmerz verleihn.«

Schillers ausgeprägtes Gefühl für Synchronizität, das auch durch »Die Kraniche des Ibikus« wunderbar zum Ausdruck gebracht wird, berichtet hier von der Urangst der Menschen, die Reviere der Götter durch allzu große Glückseligkeit, die eine anmaßende Gleichstellung bedeuten würde, zu verletzen.

Da wir beschlossen haben, zumindest in diesem Buch ohne Götter auskommen zu wollen, so muß es für dieses merkwürdige Verhalten doch eine plausible Erklärung geben, und siehe da, man wird fündig, und zwar ausgerechnet in der Bibel, als Jesus zu seinen Jüngern spricht:

»Wahrlich, ich sage euch, wenn ihr nicht werdet wie die Kinder ...«

Er meint nicht »kindisch«, sondern »nach kindlicher Art« anspruchslos, und zwar in bezug auf Macht, Besitz und Ansehen. Die Verbindung zu den aus von den wesentlichen Dingen ablenkenden Trugbildern der Materie, welche – zwischen uns und unserer vorgeburtlichen Erinnerung an unsere Ur-Ideen stehend – die Reinheit der Seele verlieren lassen, ist unübersehbar.

Ganz tief in jeder Menschenseele scheint eine Ahnung verborgen zu sein, die vor zu viel Bindung an diese Erde, an diese Existenzform, an diese vergänglichen Trugbilder warnt, weil sie schon erfahren hat, daß die Rückkehr um so schwerer ist, je mehr Identifikation mit der Materie stattgefunden hat. Sie weiß: Glück macht süchtig, fixiert, macht Hergeben und Abschiednehmen schwer. Das ist der Grund, und nicht die Gewohnheit, die uns anhält, Leidkontingente zu bewahren und immer wieder aufzufüllen.

Wenn wir aber den Geruch des Glücks brauchen, um glücklich zu werden, wie sollen wir es dann anstellen, dieses Begehren mit dem Ur-Begehren unserer Seele zu koordinieren?

Oder einfacher gesagt: Wie gehe ich mit den Hunden schlafen, ohne Flöhe zu bekommen?

In Goethes »Wahlverwandtschaften« schreibt Ottilie in ihr Tagebuch: »Es wandelt niemand ungestraft unter Palmen, und die Gesinnungen ändern sich gewiß in einem Lande, wo Elefanten und Tiger zu Hause sind.«

Die perfekte Lösung des Problems bietet sich abermals in der Bibel an, und zwar mit dem fast immer falsch verwendeten Satz »Liebe deinen Nächsten wie dich selbst.«

Hier ist die Transformation der Misere durch die Erlernung und Handhabung der Gleich-Gültigkeit offeriert, welche ermöglicht, mit den Dingen, aber nicht Teil der Dinge zu sein.

Eine Forderung, die von den großen Lebenslehrern auch auf den Umgang mit der Liebe übertragen wird, die demgemäß verwendet unangenehme Begleiterscheinungen wie Eifersucht, Abhängigkeit und Herrschsucht von vorneherein auszuschließen verspricht.

Damit ist schon die Unmöglichkeit der Erfüllung dieses Anspruchs erkennbar, denn wer den Schritt in die materielle Existenz getan hat, wird durch die Materie die Betätigung erfahren wollen, daß sein Begehren gut und richtig war. Wäre die Gleich-Gültigkeit nativer Teil des menschlichen Empfindungsvermögens, so würde es wahrscheinlich bald ein Ende haben mit der Menschheit und der Umsetzung ihrer Ideen.

So bleibt als letzte und wahre Lösung immer wieder nur die Liebe, als Quelle allen Glücks und Leids, aber auch als einzige Möglichkeit, aus sich selbst herauszufinden und eine andere, neue Perspektive des Lebens zu erfahren. Nietzsche hat recht, wenn er das Verlangen nach Gegenliebe der Eitelkeit gleichsetzt, und auch Tennessee Williams, wenn er alle Liebenden als gegenseitige »Benutzer« bloßstellt. Alles in einem Satz jedoch erfaßt Rabindranath Tagore, der die tiefe Zwiegespaltenheit des Menschwesens erkennt und die Liebe als einzige Überbrückung des trennenden Abgrunds im eigenen Selbst. Die Vollendung wird durch die Liebe erreicht, die als einzige den Weg aus dem Käfig des »Ichs« zu finden wissen wird.

So wie der Lohn der Geduld die Geduld ist, so ist der Preis der Liebe die Liebe, die unsere naturgemäß vorsichtig aufgerichteten Barrieren gegen den anderen aufhebt und sich mit ihm vermischen läßt.

Getrieben von hormonellen Abläufen vergessen wir die Angst vor dem tiefen Wissen in uns, daß diese Übergabe uns für immer zeichnen wird. Für immer. Seit ewigen Zeiten. Für alle Ewigkeit.

Uraltes Wissen um die ewigen Dinge sind die Grundlage der unsinnigen Forderung, einander anzugehören, bis daß der Tod uns scheidet. Kein Tod kann diesen Zusammenschluß trennen, der in einer Dimension erfolgt ist, die kein Sterben kennt. Wie zwei Flüssigkeiten, die, miteinander vermischt, auch miteinander verdunsten werden, so bleiben wir durch diese An-Teil-Nahme voneinander gezeichnet und durch die Bildung des »Dritten Körpers«, des Mischfeldes, unendlich lange erinnert an diese Verbindung, die noch lange auf uns, in uns, nachwirkt, selbst wenn wir glauben, schon längst alles vergessen zu haben. Aus unseren Anlagen, Wünschen, Begierden, Temperamenten zeugen wir unentwegt unsichtbare Kinder mit den Entsprechungen anderer, die wir durch unser Gegenübertreten herausfordern, auffordern, uns zu antworten. Diese unsichtbaren Kinder fordern ihr Recht, ihren Tribut, ihre Erhaltung genauso wie erwünschte oder ungewollte Geborene. Und wir richten uns nach diesen Geschöpfen unseres Zusammenwirkens ebenso, wie wir uns nach jedem richten, der Einfluß in unserem Leben hat. Erst in der Entwicklung des »Kindes« zeigt sich, ob wir damit glücklich sind oder nicht, denn die Mischung zeigt die eigenartigsten und unerwarteten Eigenschaften, die sie auf uns überträgt, förmlich aufdrängt und uns zwingt, das anzu-erkennen, mit dem wir uns alleine nicht konfrontieren wollten.

So wird Liebe zum Prüfstein, zum Erzeuger eines inneren Spannungsfeldes, das in seiner Veränderung von anderen als glückliche oder leidvolle Ausstrahlung empfunden wird. Manche, die uns recht gerne mochten, werden uns plötzlich nicht mehr »riechen« können, sich von uns entfernen und damit doch nichts anderes kundtun, als daß sie sich auf die lange Suche nach der Trennungsursache machen, um sie dann als Mangel an Gleich-Gültigkeit in sich selbst zu finden. Wir wirken mächtig aufeinander und geben uns so gegenseitig die Geruchsinformation weiter, machen uns miteinander vertraut, zähmen uns und werden so füreinander verantwortlich als Anteilnehmer des anderen, so wie es Saint-Exupérys kleiner Prinz für seine Rose wurde, die für ihn dadurch eine Bedeutung bekam.

Durch die Bedeutung, die ein anderer Mensch durch unser Wahrnehmen bekommt, erhalten die Dinge gleichzeitig eine neue Bedeutung, und auch wir selbst werden von der Ahnung einer Bestimmung, einer Heimat, einer eigenen Bedeutung erfüllt.

Dies ist der Grund, warum Menschen sich angehören wollen: Um eine Bedeutung zu erlangen und eine Deutung ihres Weges zu erfahren. Ein bedeutungsloser Mensch ist »geruchlos« und empfindet das als Mangel in jeder Stunde seines Lebens. Aus diesem Gefühl heraus entstehen Sätze wie: »Wer bin ich schon, das bin ich nicht wert, nicht wegen mir, bitte.«

Ein solcher Mensch ist auch richtungslos, ohne Destination (ein Wort, in dem das Schicksal – lat. destinatio = Bestimmung, Schicksal – enthalten ist).

Jeder von uns entwickelt seine eigene Taktik, um der Bedeutungslosigkeit zu entkommen: Die einen dekorieren sich und ihre Umgebung auffällig, die anderen versuchen unauffällig in einer Gruppe unterzutauchen und über die Zugehörigkeit zur Masse eine Bedeutung und

Sinngebung zu erhalten. Liebes- und beziehungsfähige Menschen werden immer versuchen, auf irgendeine Weise Macht zu bekommen, und sei es nur im kleinsten und bescheidensten Kreise. Das ist der einzige, wenn auch mangelhafte Ersatz für liebevolle Bestätigung: Durch eine Machtposition die Wahrnehmung der anderen auf sich zu lenken, um dadurch Bedeutung zu erlangen. Auf diesem Irrweg werden Menschen hart und gefühllos, denn das tiefste Begehren nach Liebe und Zärtlichkeit wird dadurch nicht erfüllt.

Welcher der mächtigen Männer der Welt aus Vergangenheit und Gegenwart hatte ein glückliches und erfülltes Liebesleben? Gehetzt und getrieben von Hunger, endlich eine Deutung zu erhalten, die vom Trieb als entsprechend hätte klassifiziert werden können, sind sie, ohne Glorienschein betrachtet, alle an sich selbst zugrunde gegangen, ob es sich nun um Alexander oder Friedrich den Großen, Napoleon Bonaparte oder Hitler handelte. Getrieben von mehr oder weniger abstrusen Abkömmlingen der Idee »Vollkommenheit« konnten sie alle nur an sich selber scheitern, und haben an diesem Desaster viele andere Teil-Nehmer partizipieren lassen.

Darin liegt die Gefährlichkeit der Verführbarkeit von Menschen: Durch Projektion aller Begehrlichkeit auf einen Menschen diesem eine Bedeutung zuzumessen, um dadurch der Verwirklichung der höchsten und größten Ideen scheinbar näher zu kommen und in dieser Scheinbarkeit eigene Bedeutung und Bestätigung zu erlangen.

Was sich im kleinen Feld zwischen zwei Menschen ereignet, ist symptomatisch für die kleine Gruppe und richtungsweisend für die Masse. Seit Menschengedenken wurde das edelste und höchste Begehren der Bewohner dieser Erde unter einem Namen, einer Flagge, zusammen und gemeinsam stark und vollkommen zu sein, mißbraucht und pervertiert, im Namen der Götter und der Herrscher.

Jeder Mensch erzeugt den Partner, der die vollkommene Entsprechung darstellt, genauso, wie jedes Volk den Herrscher und Anführer hervorbringt, der alle Begehrlichkeiten der Mentalität widerspiegelt und darstellt. Beobachtet man die Gottesbilder durch die Jahrtausende, so wird vor allem durch die Bibel klar, wie diese Projektionen von den Ein-Bildungen ihrer Erzeuger starren.

Der gute, liebe Gott ist genauso eine Er-Findung des bedürftigen Menschengeistes wie der rachsüchtige und allmächtige Herrscher von Himmel und Erde.

Alle eigenen Vorstellungen und Begehrlichkeiten sind in den Göttergestalten zum Ausdruck gekommen und von den Herrschenden in gewissenlosester Weise benutzt worden, um die eigene ego-istische Idee durchzusetzen. Erstaunlich ist, daß diese Verhaltensformen sich bis in die heutige Zeit durch eine durch nichts aufzulösende Entelechie fortsetzen. Kaum taucht irgendwo auf diesem Erdball auch nur ein einziger Mensch auf, der nur im Ansatz den Geruch des Ideenverwirklichers an sich trägt, uns als Projektionsleinwand erscheint, schon beginnt sich um ihn eine eigenartige Spirale von Teilnehmern/Erzeugern zu bilden, die versucht, ihre Kreise immer mehr auszuweiten. Dadurch erhalten Ideen und Felder mehr Fütterung als ihnen oft gut tut. Die Macht der Unsichtbarkeit, die sich so leicht auf geeignete Projektionsmenschen übertragen läßt, hat nichts an Intensität verloren. Um das Große und Ganze jedoch durchschauen zu können, ist es notwendig, die Wurzel im kleinen zu erkennen und damit der eigenen Käuflichkeit gewahr zu werden.

Die Macht des Mischfeldes

Auf der endlosen Suche nach den guten, schönen und edlen Dingen des Lebens entwickelt jeder Erdenbewohner sein individuelles System, durch das er sich selbst beweisen will, daß er gut, schön und edel ist. In diesem Bestreben ist die Selbsttäuschung inbegriffen, welche, wie bekannt, vor allem durch die Persönlichkeit gelebt wird. In der großen Familie der Selbsttäuschung finden sich Mitglieder, die erst nach eingehender Betrachtung ihre Familienzugehörigkeit zugeben. Dazu gehören an erster Stelle die großen Drei: Glaube, Hoffnung und Liebe, und danach Zärtlichkeit, selbstverleugnende Bescheidenheit und Enthusiasmus. Alle diese Eigenschaften zeigen sich komprimiert in der Bereitschaft eines Menschen, sich in dem Moment, in dem ihn der »Blitzschlag der Liebe« trifft, aufzugeben. Ab diesem Augenblick erzeugt er aber nicht nur vermehrt diese Bereitwilligkeit – er hofft oder erwartet sie auch von dem geliebten Menschen und fühlt sich um so mehr »beglückt« und erfüllt, je mehr seine Investitionen ein Echo erfahren.

Der Prozeß der Ent-Täuschung, geschaffen aus der Selbsttäuschung, dauert unter Umständen mehrere Jahre, und zwar genau der Investitionshöhe der eigenen Sentimentalität entsprechend. Um eine vollkommene Übersetzung zu erreichen, genügt ein einziges Wort: Rührseligkeit.

Die eigene Seele will vom Partner berührt sein und so schafft sie zusammen mit dem Pendant ein Fabelwesen, das man als das »Sentimentale Du« bezeichnen könnte. Alle Schwächen der beiden Charaktere, alle Mängel und Bedürfigkeiten sind in diesem Mischfeld enthalten. Obwohl es die gefährlichste Form des Partnerschaftsmischfeldes darstellt, ist sie dennoch die beliebteste, da eine Wandlung, ein »Rühren« oder »Bewegt-Sein« im eigenen Seelenkörper noch immer als die größte Attraktion des Lebens empfunden wird. Da diese Rührung aber weder mit dem reellen Anspruch einer objektiven Sichtweise noch mit der Realität des tatsächlichen »Ich« und »Du« zu tun hat, entstehen in diesem Mischfeld die eigenartigsten Pflanzen kindlicher Bedürftigkeit.

Das erste Zeichen eines solchen Prozesses ist die hinreichend bekannte und unter Liebespaaren häufig verwendete Kindersprache, die unmißverständlich der Umwelt verkündet: »Hier pflegen zwei Menschen ein Kind, das sie selber nicht sein durften, oder nicht erwachsen werden lassen wollten oder konnten.«

Niemand ist vor dieser Falle des eigenen Sentiments sicher, welche der stabilste Käfig ist, den sich ein Paar gegenseitig verschaffen kann.

Da auf der einen Seite ein tiefes und verdrängtes Trostbedürfnis erfüllt wird, andererseits aber der Kind-Status bestätigt, reaktiviert und untermauert wird, werden durch das Mischfeld zwei bedürftige Süchtige voneinander auf einer der tiefsten Ebenen des seelischen Wahrnehmens abhängig.

Traurig-komisch ist eine solche Beziehung in Carl Zuckmayers Biographie »Als wär's ein Stück von mir« durch ein kokainsüchtiges Künstlerpaar beschrieben, deren stundenlange nächtliche Konversation sich auf zwei Sätze beschränkte: »Bittu mein Knarrenranxenbu?« – »Nein, ich bin dein Ranxenknarrenbu!« – »Aber du bist doch mein Knarrenranxenbu?« – »Nein, ich bin dein Ranxenknarrenbu!«

Wem diese Unterhaltung blödsinnig vorkommt, der verkennt den tiefen Sinn, der sich dahinter verbirgt. Hier spielt sich haargenau dasselbe ab wie zwischen Konrad Lorenz und seiner Graugans Martina.

»Hier bin ich! Wo bist du?« ist die eigentliche Frage, oder genauer: »Wer bin ich? Und wer bist du?«

Solange Mensch oder Tier noch die Zeichnung des schützenden Kindchenschemas aufzuweisen haben, wird ein normaler Erwachsener die Stimme erhöhen und die Sprache reduzieren in dem Bestreben, das Kleinchen nicht zu erschrecken, sondern zu beruhigen, zu erfreuen und selbst besser verstanden zu werden. Der Ton und Ausdruck wird also dem Bedürfnis des Kindes angepaßt, was zur Folge haben wird, daß es sich geborgen und angenommen fühlt. Wer dieses Kontingent an Ver-Sicherung nicht in dem Maße erfahren hat, wie es für ihn notwendig war, wird immer darauf verfallen, als Erwachsener mit einem Partner ein »Sentimentales Du« bilden zu wollen.

Natürlich und selbstverständlich wird jedes sich liebende Paar Kosenamen verwenden und mit erhöhten Stimmen kindlich-liebevoll in bestimmten Situationen aufeinander reagieren. Das ist völlig normal und wünschenswert, denn in diesen Momenten er-innern sich beide an weiches, warmens Wohlbehagen aus der Kinderzeit und vermitteln sich außerdem das Gefühl, aggressionslos einander angehören zu wollen.

Diese Mitteilung hat nichts mit dem vorher beschriebenen Retardverhalten zu tun, welches eine Entwicklung sowohl der Beteiligten, als auch der Beziehung per se ausgesprochen hemmt. In der Folge wird je nach Polung des Paars eine Mama oder ein Papa oder – noch schlimmer – beides auf einmal entstehen, die entweder ständig dazu aufgerufen sind, kindgemäß zu pflegen oder unentwegt kindgemäß gepäppelt werden zu müssen.

Folgende Beobachtung hat sich ergeben:

Der Partner, welcher den Kind-Anspruch aufrecht erhält, altert sichtlich schneller als der »Pfleger«, und aktiviert in diesem über das Mischfeld auf die Dauer Aggressionen, Ungeduld und Unzufriedenheit. Dieser Vorgang ist besonders auffallend, wenn ein wesentlich älterer Mann eine junge Frau heiratet und plötzlich Kind-Pflegeansprüche erhebt. Besonders peinlich wird die Situation, wenn tatsächlich noch ein Kind geboren wird und sich dem erstaunten Besucher eine Mutter mit einem sehr kleinen und einem sehr großen Baby präsentiert, die alle miteinander mit erhöhten Stimmen in Kindersprache reden. Die logische und beobachtete Entwicklung zeigt eine Herrscher-Frau, die, wie sie selbst meistens auch betont, »alles selber machen muß«, einen Mann, der hinter der vorgehaltenen Hand über seine übermächtige Gattin lästert, und ein Kind, das sich aufführt wie ein kleiner Tyrann. Typisch ist auch, daß der Mann über das nachlassende sexuelle Interesse seiner Frau klagt, aber in keiner Weise, selbst nach eindeutiger Aufklärung, von seinem Kind-Status lassen will, schon aus Angst, daß dann das tatsächliche Kind auch noch den letzten Rest Aufmerksamkeit und Pflege abkassieren könnte, der bis dato bei ihm verblieben ist.

Bei anderen jüngeren Paaren, welche den Kind-Status erzeugten, ist außerdem beobachtet worden, daß sie verstärkt in den gegenseitigen Vergangenheiten leben, ihre Liebe der Außenwelt gegenüber oft als »heilig« bezeichnen und keinen Kinderwunsch haben. Starke Ritualisierung in Handlung und Sprache setzt ein, was nach sich zieht, daß der bisherige Freundeskreis sich verabschiedet und durch neue Bekannte ersetzt wird, die entweder wesentlich älter sind als das Paar selbst, oder ähnlich gepolt. Nach spätestens drei bis vier Jahren sind die ersten Anzeichen gähnender Langeweile zu erkennen, welche vom Paar selbst als solche gar nicht diagnostiziert werden, da es eine bemerkenswerte Strategie entwickelt hat, aus den geringsten Vorkommnissen Dialog-Dramolette zu gestalten, die in ihrer episch ausgetragenen Breite das Leben und die Konversation scheinbar vollkommen ausfüllen.

Gelingt es einem Partner, einer solchen Beziehung zu entkommen, wird er sie im Nachhinein immer als Gefängnis und als verlorene Zeit bezeichnen, und, was ebenfalls typisch ist, auf keinen Fall mit seinem Ex-Partner mehr etwas zu tun haben wollen. Der Folgepartner zeigt sich nach einer begriffenen Trennung oft als extrem selbständig und »vernünftig«.

Werden solche Kinder-Paare miteinander alt, bekommen sie mit der Zeit etwas seltsam Rührendes an sich, was die Außenwelt veranlaßt, mit den beiden vorsichtig, liebevoll und nachsichtig umzugehen. Die beiden haben tatsächlich erreicht, was sie wollten: Als »Sentimentales Duo« eine undurchdringliche Schutzmauer zwischen sich und dem Rest der Welt zu erzeugen. Es hat zwar nicht ein einziger Grad an Entwicklung stattgefunden, dafür hat man aber auch nicht den geringsten Schaden genommen, das heißt, es wurde nichts erlebt.

Wer einen solchen Lebensabend anstrebt, der lasse sich auf ein »Sentimentales Du« mit allen Konsequenzen ein. Wer sich dagegen entschließt, auf diese Form der Partnerexistenz zu verzichten, der soll wissen, daß jedes Mischfeld die nicht gelebten Anteile des Individualfeldes sowohl des einen als auch des anderen Teilnehmers wie ein trockener Schwamm aufsaugt, speichert und ins Er-Leben zwingt. Das klingt bedrohlicher als es tatsächlich ist. Solange die Basis der Beziehung Sympathie ist, kann auf diesem Teppich so mancher Fall gemildert werden, der bei anderer Gelegenheit zum Unfall geraten würde.

Es ist für ein wirklich erfülltes Miteinander wichtig zu wissen, daß ein Mischfeld nur das hergibt, was in es hineingegeben wurde. In der Auswirkung würde das heißen:

Wenn beide Partner kein Gefühl für Ordnung haben, kann keine aufgeräumte Wohnung erwartet werden. So muß entweder gemeinschaftlich gelernt oder der Kreis im gegenseitigen Einvernehmen mit Personen erweitert werden, welche den Mangel ersetzen, durch die Einbringung neuer Individualfelder dadurch aber auch für Veränderungen sorgen können, die weniger erwartet oder erwünscht wurden. Wenn ein Mischfeld bezüglich bestimmter Gebiete jahrelang nicht funktioniert hat, sind Entschlüsse, das zu ändern, zwecklos. Die Änderungsversuche werden scheitern, denn niemand ändert sich auf Dauer. Es können immer Entwicklungen erwartet werden, doch auf Änderungen zu bauen, ergäbe wieder, sich in die illusionäre Welt eines »Konstruierten Du« zu begeben, das genauso wenig Energie und Kraft vermittelt wie ein »Sentimentales Du«.

In jedem Menschen sind, auch wenn das Gegenteil oft behauptet wird, alle Anlagen vorhanden.

Der Unterschied besteht lediglich in dem grundsätzlichen Begehren, das unsere Lebensgrundlage bis zum Tage unseres Todes darstellt, wie eine einmal gewählte Schiene.

Lebensaufgabe ist es also, unter diesen Aspekten eine Vervollkommnung und Entwicklung im Rahmen der möglichen Erkenntnis zu erreichen, wobei der entsprechende Partner im guten wie im schlechten zur hilfreichen Selbst-Wahrnehmung beitragen soll. Daß damit Leid, Frust, Freude und Schmerz verbunden sind, war erkennbar, bevor wir uns auf diese Form der Existenz eingelassen haben. Und tatsächlich war es dieses Wechselbad der Gefühle, welches unser Begehren hat überhaupt entstehen lassen und das uns dann in den entsprechenden Körper transportierte.

Partner können einander gefährlich werden und nützlich, sie können sich zerbrechen und wieder aufbauen, und sie werden sich suchen und finden, solange die Welt besteht. Rezepte und Verhaltensregeln zu konstruieren,wäre so sinnlos wie das Wetter kontrollieren zu wollen.

Was jedoch kontrolliert werden soll und muß, ist der gefährlichste Gegner und Verführer, der sich dem Menschen anbietet: Das mit scheinbarem Sinn erfüllte, konstruierte Identifikationsfeld.

Dazu ein Beispiel: Herr XY ist ein berühmter Werbefachmann mit einem renommierten Betrieb, in dem Graphiker, Psychologen, und Public-Relation-Spezialisten unter einem Dach versammelt sind. Die Firma ABC erfindet ein Produkt »TOP«, das weder qualitativ hervorragend, noch in seiner Form bemerkenswert ist. Da aber der Markt gerade für dieses Produkt geeignet erscheint, wird die Firma des Herrn XY beauftragt, »TOP« zu einem Rennern zu machen. Herr XY versammelt seine Mannschaft und nach kurzer Zeit wissen alle Beteiligten, daß sie im Grunde ein überflüssiges und minderwertiges Produkt unterstützen sollen und werden, weil dafür eine Menge Geld bezahlt wird, von dem jeder einzelne und auch die Firma eine Weile gut leben werden. Zusammenwirkend bilden sie aus allen Ideen, die sie selbst verwirktlicht haben, und aus allen jemals akzeptierten Prinzipien ein neues Ideenfeld, das um so wirksamer wird, je mehr jemals in die Wirklichkeit gelangte Ideen darin verankert sind.

Ein Produkt kann noch so schlecht sein, wie es will, es wird dennoch Interesse erregen, wenn der Produzent es versteht, mit den Ur-Begehren und den Ur-Ängsten der Menschen suggestiv zu arbeiten. Jede Werbung, die in den Medien präsentiert wird, ist von diesen Ponderabilien durchsetzt. Je mehr Zuschauer an der Ausstrahlung teilnehmen, desto mehr wird das Feld aktiviert und um so sicherer ist der Verkaufserfolg. Kein Waschmittel, keine Seife, keine Windel ist besser als die andere. Die Hersteller wissen das, und sie wissen ferner, daß wir intelligent genug wären, das ebenfalls zu realisieren. Also wird die Vernunftbarriere mit den alterprobten Mitteln der Suggestion zum Verschwinden gebracht, und so kommt es, daß der Markt unter dem Mäntelchen der »freien Wirtschaft« und der daraus entstehenden legalen Konkurrenz das mehr oder weniger identische Produkt unter fünfzig verschiedenen Namen in die Regale der Kaufhäuser bringt.

Den Olymp erreicht, wer eine totale Fokussierung auf sein Erzeugnis durchgesetzt hat und die normale Bezeichnung durch einen Phantasienamen verdrängen konnte, der fürderhin stellvertretend allgemein verwendet wird, wie z. B. »Tempo« für auf der Welt von 500 Firmen in völlig gleicher Weise hergestellte Papiertaschentücher. Noch immer wird die höchst billig zu produzierende Acetylsalicyl-Säure, die ein beliebtes Schmerzmittel ist, zu teuer bezahlt, weil man sich über Jahrzehnte hat suggerieren lassen, daß diese chemische Verbindung nur unter einem ganz bestimmten Namen qualitativ erstklassig und unschädlich ist.

Dieses ist nur ein Beispiel von Hunderten, das, auf die Pharmakologie verwendet, Zeugnis geben kann von der Lenkbarkeit und Beinflußbarkeit der willigen Abnehmer, die blind vertrauen und zu bequem sind, sich zu informieren.

Die Werbung macht den Mythos, den Namen, die Musik, und Hunderttausende laufen den Rattenfängern nach, welche sich ihren Elitärstatus von den Käufern teuer bezahlen lassen, da sie dadurch an dem Mythos, an der Idee teilhaben wollen. Modeartikel werden zu Statussymbolen, durch die eine bestimmte Zuge-Hörigkeit kundgetan wird und dem Fremden anzeigt, womit der Besitzer sich zu identifizieren wünscht.

Verglichen mit anderen Ideenfeldern, in die Menschen alltäglich gelockt werden, sind diese Statussymbole noch relativ harmlos. Gefährlich werden jedoch konstruierte Identifikationsfelder, wenn sie der menschlichen Seele Schaden zufügen können.

Dazu gehören alle Ideologien, die mit Angst, Macht und Gleichschaltung operieren, also die dunkelsten Seiten menschlicher Sentimentalität aktivieren, um eigene Ansprüche durchzusetzen. Der Verlockung, in der Masse von Verantwortung entledigter Teil einer Gruppenseele zu werden, welche scheinbar alle Bedürfnisse der Individualseele in sich vereint und erfüllt, hat ganze Völker ins Verderben geführt. Wie die Historie zeigt, scheint aus diesen Vorgängen nur ein temporär begrenzter Lerneffekt zu entstehen, denn kaum erscheint eine Anführerpersönlichkeit, welche die Illusion der Allmächtigkeit dadurch vermittelt, daß auf sie sämtliche Ur-Ideen wie Friede, Glück und Reichtum für alle projiziert werden kann, schon entsteht eine fühl- und sichtbare Hinwendung zu diesem Repräsentanten, welche in fataler Weise an die unerklärliche Marionettierung von Lemmingen erinnert.

Dazu muß noch einmal gesagt werden: Es ist nicht der Repräsentant die eigentliche Gefahr, sondern das unsichtbare Feld, das zwischen ihm und seinen Anhängern entsteht, und das alle bisher vermeintlichen Unerfülltheiten der Begehrlichkeit enthält und durch die Teilnahme bis zur Perversion der ursprünglichen, vielleicht sogar edlen Ideen kulminiert. Bei selten gehörten ehrlichen Gesprächen berichten sogar hochgebildete und charakterlich gut strukturierte, inzwischen hochbetagte Menschen von dem eigenartigen Sog, der während der Versammlungen im Dritten Reich, und vor allem währen der Reden Hitlers in der Masse entstand. Der hier wiedergegebene Bericht stammt aus dem Munde eines Magnaten, der damals als junger Doktor »aus Spaß zu einer dieser abstrusen Versammlungen ging, um sich über den Spinner lustig zu machen«:

»Wir waren eine ganze Gruppe junger Menschen, die, wie wir glaubten, objektiv denken und urteilen konnten. Einer hatte dann die Idee, dahin zu gehen, wo Hitler sprach, mehr um uns als Störfaktoren zu betätigen, um uns lustig zu machen über diesen Spinner und seine Proleten-Zuhörer. Das war unsere Einstellung, und die war nicht im Moment entstanden, sondern über eine längere Beobachtungszeit hinweg. Wir haben den Kerl nicht eine Sekunde ernst genommen. Und dann geschah etwas Schauerliches mit uns, in uns, das wir gar nicht bemerkten. Durch irgendetwas, das dieser Mann ausstrahlte, drehte sich etwas in uns, ich kann es nicht anders sagen, er drehte uns um. Wir gingen hinaus als andere, und es begann sich die Veränderung zuerst daran zu zeigen, daß wir darüber zu diskutieren begannen, ob er vielleicht nicht doch recht habe.«

Die an diesem Tag begonnene Veränderung endete mit der Parteimitgliedschaft, mit dem »Dazugehören« und dem »Mitmachen«.

Der heute fast Achtzigjährige sagt weiterhin: »Wenn du mich fragst, ob ich mich schäme, dann sage ich dir: Nein! Und ich werde dir erklären, warum. Es wurden Riesenideen propagiert, und du bekamst ein Gefühl, daß die Zeit gekommen war, mitzuwirken an diesem Vorgang. Es fing doch nicht an mit Mord, Totschlag und Vernichtung! Ganz im Gegenteil! Es begann mit einem Modell der Umstrukturierung, das jedem einleuchten mußte, der sich nur halbwegs für Staat und Soziales interessiert. Und so bist du hineingezogen worden, immer tiefer, du hast es erst gar nicht gemerkt. Und selbst als wir merkten, wohin das alles führt, glaubten wir noch immer, wir können uns doch nicht so geirrt haben und haben weitergemacht, um uns weiß Gott was zu beweisen.«

Hier findet sich alles, was die Macht, den Segen und den Fluch eines Gruppenfeldes ausmacht und erklären kann.

An erster Stelle scheint die Aufgabe der Objektivität alarmierend zu sein, die durch ihr Verschwinden der Sentimentalität freien Raum und Entfaltungsmöglichkeit gewährt. Der Seelenkörper »pendelt« sich auf eine Allgemeinstimmung (Simmias!) ein, welche die Empfänglichkeit erzeugt, über die Aktivierungen und Übernahmen von Teilen des Individualfeldes getätigt werden können. Eine solche Übernahme geschieht nicht unerwartet und kann auch nicht als Überrumpelung bezeichnet werden (wie oft als Entschuldigung angeführt wird), sondern die Ideen als solche bereiten durch Intensivierung ein Feld vor, das an einem bestimmten Kulminationspunkt in die Wirklichkeit übernommen werden muß, um seine Lebenstüchtigkeit unter Beweis zu stellen. Getragen vom Begehren Tausender entwickelt das Feld ein eigenes Begehren, das solange expandiert, konzentriert und zurückstrahlt, bis es sich verbraucht hat oder gewaltsam gestoppt wird. In diesem Fall besteht die Gefahr, daß das unverbrauchte Feld intensiv weiterbesteht und nur auf den opportunen Moment, auf den passenden Projektor, auf eine günstige Konstellation und Entsprechung wartet, welche ihm eine Wiederbelebung verschafft. Es muß endlich der Mut gefunden werden, laut auszusprechen, daß die national-sozialistische Idee nicht aufgelöst worden ist, was sich darin zeigt, daß an den verschiedensten Stellen das Begehren wieder versucht, sich Platz und Wirkung zu verschaffen. Begünstigend wirkt dabei jede Manifestation, welche die Idee im guten wie im schlechten in der Materie darstellt, da sie die Er-Innerung darstellt. Es gibt gewaltige Unterschiede in der Handhabung von Vergessen und Erinnerung. Im Inneren herrscht das Wissen, das Wesentliche, das nie verloren gehen kann, aber oft durch Einflüsse von außen verfremdet und verfälscht wird. Dann darf das Falsche nicht durch immer wieder erfolgte Darstellung zur Verinnerlichung angeboten werden, sondern es muß durch Gegenteiliges Auflösung erfahren.

So gut es wohlmeinende Menschen mit Mahnmälern und Gedenkstätten auch meinen mögen, sie erreichen leider mit diesem Ausdruck nie versiegenden Gedenkens genau das Gegenteil von dem, was bezweckt werden soll: Eine Manifestation des Potentials, welches die katastrophalen Ideenverfälschungen beinhaltet.

Ein jüdischer Würdenträger bemerkte in privatem Kreis zu diesem Thema: »Niemand, der ein Lied falsch singt, kann es jemals richtig lernen, wenn es ihm weiter falsch vorgesungen wird. Und es wird auch nichts nützen, wenn ich vorher sage: ›So darf man es nicht singen.‹ Es bleibt dennoch das falsche Lied im Ohr.«

Diese Wahrheit wäre jedem gewünscht, der meint, mit besonders drastischen Darstellungen aus der Vergangenheit gegen das Wiederkehren und Wiedererwachen der Ideen ankämpfen zu können. Endlich sei auch dazu gesagt, daß das »schlechte Gewissen«, mit dem leider auch sehr viel Spekulation getrieben wird, eine entfernte Verwandte der Aggression ist, und daß eine zu starke Betonung in dieser Richtung nichts Gutes und Edles erstehen läßt.

Wer die Ideologie eines Volkes ändern will, und sei es die verborgenste und unterschwelligste, der ändere die Standbilder, Denkmäler und Mahnmale. Denn darin sind alle Ideen steinern und eisern bewahrt und verherrlicht: Stumme, aber nachdrückliche Repräsentanten verheerender Mischfelder.

Dieser Erkenntnis folgend, müssen auch andere Manifestationen auf ihre Tauglichkeit und ihre Funktion hin überprüft werden.

Damit sind Bücher und Filme gemeint, die Erinnerungsspeicher unserer Zeit, an denen wir lernen, an denen wir uns orientieren und aus denen wir unsere Ideen holen.

Denken wir an unsere frühesten Kontakte mit diesen Medien, so werden wir uns erinnern, daß es zu allererst das Mystische war, das uns fasziniert hat. Alle Kinder lieben Märchen, Geistergeschichten, Phantasiefilme. Als Erwachsener mutiert diese Vorliebe in den Konsum von Science-Fiction-Werken, Comics und Märchenfilmen für Große, wie z B. »Pretty Woman« oder »Star Trek«. Diesem in der Menschenseele tief verankerten Bedürfnis nach geheimnisvollem, rätselhaftem Erleben liegt der Wunsch zugrunde, die Beschränkungen, die wir als Notwendigkeit erfahren, durch eine Loslösung vom Ich in einer konkreten Unendlichkeit aufgehoben zu sehen. In diesem Genuß des Erlebens erfahren wir eine Entfaltung unserer Ideen und damit etwas, was Karl Jaspers als »seligen Schwung« bezeichnet oder als »Aufhebung der Subjekt-Objekt-Spaltung«.

Dadurch wird ein Wandlungsprozeß der Seele erwirkt, und ein weiterer Schritt in eine Entwicklung, die befähigt, zu werten und zu deuten.

Was jedoch geschieht, wenn pervertierte Ideen von einer unentwickelten Seele als richtungsweisend akzeptiert werden, das möge folgender Bericht veranschaulichen:

Seit seinem neunten Lebensjahr sieht der heute vierzehnjährige Christian E. regelmäßig Horrorvideos, bevorzugt den Streifen »Freitag, der 13.«, in dem ein maskiertes Monster namens »Jason« mit Heckenschere und Fleischerbeil dafür sorgt, daß Köpfe zerschnitten über den Boden rollen. Anfang März 1996 wird die Fiktion zur Realität: Der Bub identifiziert sich dermaßen mit der Hauptfigur, daß er, angetan mit der Maske des »Jason«, mit einem Buschmesser auf seine sechzigjährige Nachbarin einsticht und seiner zehnjährigen Cousine mit einer Axt die Schädeldecke einschlägt. Erst als das Blut spritzt, kommt der Bub zur Besinnung und rennt heulend zu seinen Eltern: »Ich hab' der Michaela aufig'haut! Der Jason war's!« Daß sich der Vierzehnjährige die Maske des »Jason« nachbastelte, fanden seine Eltern »schon seltsam«, aber da sich der Christian immer schon gern verkleidet hatte, fand niemand diesen Vorgang besonders aufregend. Früher, als Spiderman verkleidet, war er schon einmal von der Garage gesprungen und hatte sich den Arm angebrochen. Daß er dann in der Maske des »Jason« ebenfalls tätig werden würde, daran hat angeblich niemand gedacht. Doch kurz darauf ist etwas Seltsames passiert:

Wenn Christian sich mit der Maske des »Jason« im Spiegel ansah, dann war da plötzlich kein Unterschied mehr. »Es war anders«, hat er danach gesagt.

Zum »Jason« muß Christian eine seltsame Haßliebe empfunden haben. Vor der Tat hat er Alpträume gehabt und geglaubt, »Jason« sei hinter ihm her. Doch die Faszination war größer als die Angst. Oft war er in seiner Verkleidung am Fenster seiner Cousine vorbeigegangen, und hatte Freude daran, zu sehen, wie erschreckt das Mädchen reagierte. Nachher hat sie ihm erzählt: »Ich habe den ›Jason‹ gesehen.«

Jetzt kann ihr niemand mehr die Angst vor dem Monster nehmen. Sie lag im Koma, mußte mehrmals operiert werden und wird wahrscheinlich leicht gelähmt bleiben. In Christians Umfeld mangelte es am notwendigen Bewußtsein. Obwohl er durch die ständige Berieselung von Gewaltdarstellungen unter Alpträumen litt, obwohl er – wie alle wußten – sich mit der Rolle seines Horror-Helden identifizierte und in seine Kleider schlüpfte, um seiner Cousine Angst einzujagen, reagierte niemand auf diese Zeichen.

Jetzt sagen alle: »Hättet ihr nur!«

Jetzt ist alles anders und Christians Mutter sagt: »Es wird nie mehr werden, wie es einmal war.«

Dem Vorgang ist nach allen vorangegangenen Erklärungen nichts mehr hinzuzufügen. Der Junge wurde zu einer Jugendstrafe von zwei Jahren auf Bewährung verurteilt und in ein Heim eingewiesen, mit der Auflage, Abstinenz in bezug auf Horrovideos zu üben. Spekulationen, wieweit all diese Korrekturmaßnahmen tatsächlich wirksam sein können, können nur im Bereich der Vermutlichkeit bleiben, doch eines muß auch hier gesagt werden: Wenn ein einziges Mal eine Barriere gefallen ist, dann kann sie immer wieder fallen. Wenn ein Seelenkörper eine solche Identifikation einmal zugelassen hat, ist er gezeichnet.

Doch auch in völlig anderer Weise können Ideen auf Menschen übertragen werden.

In einem früheren Buch wurde bereits einmal das Phänomen des vollkommenen Übertragens und Akzeptierens beschrieben, und zwar am Beispiel des französischen Regisseurs François Truffaut und seines Lieblingsdarstellers Jean-Pierre Leaud, der als Vierzehnjähriger, also in einem besonders empfänglichen Alter, zum ersten Mal mit Truffaut in Kontakt kam und von ihm so eingenommen war, daß sich sogar seine Physiognomie nach dem großen Vorbild richtete, was allgemein bemerkt wurde und von Leaud selbst als »un peu de mimetisme« bezeichnet wurde.

Die Wahl eines Vorbildes ist eine empfehlenswerte, aber durchaus nicht ungefährliche Angelegenheit, denn mit dem Anspruch der Ähnlichkeit wird das gesamte Ideenfeld des gewählten Menschen buchstäblich angezapft. Die Frage, inwiefern dann eine bewußte Differenzierung überhaupt möglich ist, kann wieder nur mit dem Hinweis auf die grundsätzlichen Entsprechungsmöglichkeiten im Seelenfeld des sich nach dem Vorbild orientierenden Menschen beantwortet werden.

Weitet man die Idee der Feldübertragung auf andere Gebiete aus, so könnte man auf diesem Weg auch zu einer schlüssigen Erklärung des fast unglaublich wirkenden Vorgangs der Nachfolgefindung in der tibetisch-buddhistischen Tradition gelangen. Davon ausgehend, daß es sich auch hier um eine Idee handelt, die weiter ins Leben gerufen werden soll, die Idee des Buddha nämlich, so muß die Prozedur der Auffindung so gestaltet sein, daß die Morphologie des Feldes auf eine bestimmte Weise in ein Spannungsverhältnis zu einer entsprechenden Genetik gebracht werden muß, auf die das gesamte Feld dann übertragen werden kann. Bei genauer Beobachtung der rituellen Handlungen, welche die Mönche vollziehen, bevor sie sich auf den Weg zum wiedergeborenen Buddha machen, wird sich herausstellen, daß die ganze Prozedur auf dieses Bestreben ausgerichtet ist. Es ist nicht mehr als logisch, daß die Prozession der Mönche schließlich an ein Kind gelangt, das nicht nur die persönlichen Gegenstände des Verstorbenen geistlichen Würdenträgers »wiedererkennt«, sondern daß dieses Kind auch nicht im geringsten über das Geschehen erstaunt ist und sich willig von Heim und Eltern trennt. Der »wiedergeborene Buddha« ist im tiefsten Sinn der Bedeutung in diesem Kind erschienen. Es ist ebenfalls nicht mehr als logisch, daß dieses scheinbare Wunder nur mit einem Kind unter sieben Jahren funktionieren kann. Nur bis zu diesem Alter ist eine vollkommene Übertragung eines solch komprimierten Feldes überhaupt möglich, da der individuelle Seelenkörper zu einem späteren Zeitpunkt nicht mehr in der Lage wäre, aufgrund der eigenen fortgeschrittenen Entwicklung die Integration, also die Wahrnehmung, zu vollziehen. Wichtig ist dabei auch zu bemerken, daß sich der Vorgang ausschließlich innerhalb des buddhistischen Kollektivfeldes abspielen kann. Kein Kind, das durch seine Eltern nicht in jeder Beziehung in diese religiöse Idee integriert worden ist, könnte auf das Spannungsfeld überhaupt reagieren.

Damit wären wir auch an einem Punkt angelangt, an dem in aller Objektivität über die Idee der »Unbefleckten Empfängnis« gesprochen werden kann.

Angesichts der Logik, daß jedes Seelenkörperfeld seinen Weg in die Materie ausschließlich über die Vereinigung von zwei Menschen, Mann und Frau, in Form von Geschlechtsverkehr finden kann, muß natürlicherweise behauptet werden, daß auch Jesus ganz normal gezeugt wurde, von seinen Eltern Maria und Joseph.

Nun gibt es, will man aus Ehrfurcht vor dem biblischen Werk bewußte Verfälschung ausschließen, nur zwei Möglichkeiten: Entweder hatte Maria eine Vision, die ihr vermittelte, daß sie ein Kind gebären würde, dessen Seelenkörper ohne Begierde in den Menschenkörper gelangen würde, also gebildet aus der höchsten (göttlichen) und reinsten Quintessenz der Idee, oder es ist in späteren Jahren genau dasselbe geschehen wie im oben beschriebenen Vorgang der tibetischen Suche. Das Kollektivfeld war in diesem Fall die Erwartung, die aus den Prophezeiungen herrührte und ein Spannungsfeld der besonderen Art erzeugt hatte. Die drei Heiligen Könige taten also letzten Endes nichts anderes als die tibetischen Mönche. Sie folgten einem »Stern«, den man in diesem Fall als Synchronizitätserscheinung werten könnte. Diese ist die einzige und beweisfähige Erklärung für den Vorgang der Verkündigung und Geburt des »Sohnes Gottes«.

Wenig glaubhaft ist jedoch nach wie vor, daß Joseph über die Schwangerschaft Marias betreten war. War dieses Erstaunen echt, so muß tatsächlich vermutet werden, daß der Engel vielleicht doch nicht ganz so visionär, wie zuerst vermutet, war, was so außergewöhnlich nun auch wieder nicht gewesen wäre angesichts anderer biblischer Berichte, in welchen diese Himmelswesen als durchaus aktionsfähige und sogar handgreifliche Jünglinge beschrieben werden.

Zur Beruhigung aller aufgebrachten Katholiken sei erwähnt, daß diese Theorie in keiner Weise an der Heiligkeit Jesu, noch der seiner Eltern rüttelt. Wenn Maria und Joseph in der Lage waren, eine solch exorbitante genetische Mischung zu erzeugen, die es erlaubte, einen begehrensfreien Seelenkörper aufzunehmen, dann kann man annehmen, daß die beiden nicht der üblichen Norm entsprachen.

Doch es bedarf nicht unbedingt der Bibel und lebender wie verstorbener Heiligkeiten, um die Übernahme von Feldern zu beschreiben.

Jeder Erfinder eilt, seine Idee beim Patentamt anzumelden, um sich vor dem Umstand der allgemeinen Wahrnehmung einmal formierter morphischer Felder zu schützen. Nach langem Forschen zeigten sich in der Historie der Inventionen tatsächlich nur zwei Erfinder, die, wie es scheint, ideel so übergeordnet und vom Allgemeinen unabhängig gearbeitet haben, daß niemand gleichziehen konnte: Leonardo da Vinci und Nicola Tesla.

Diese beiden Menschen, die man als visionäre Genies bezeichnen kann, sind nicht mit normalen Maßstäben zu messen. Bis heute sind die von ihnen erzeugten Felder intensiv wahrnehmbar und existent. Während sich die Augenzeugenberichte da Vinci betreffend als eher dürftig erweisen, wird von Tesla allgemein erzählt, daß er »unheimlich war, etwas Nicht-Menschliches an sich hatte« und einige Zeitgenossen behaupteten stur, er wäre ein Außerirdischer gewesen. Es kann beruhigt angenommen werden, daß diese Vermutung nicht im Sinne eines E. T. verstanden werden muß, jedoch ohne Zweifel als Darstellung eines komprimierten Feldes.

Je reiner und quintessentieller die Idee ist, die ein Mensch verkörpert, desto mehr ist er von ihr gezeichnet und unterscheidet sich dadurch sichtlich von seinen »normalen« Mitmenschen. Schließt man sich vorbildlich an solche Exoten an, wird man von ihnen gezeichnet, was nicht nur zur Folge hat, daß man Zutritt zum Ideenpotential erhält, sondern, je länger und intensiver das Vorbild angestrebt wird, auch Wesens- und Charakterzüge, ja sogar physiognomische Ähnlichkeiten auftreten können.

Damit bekommt das Angebot an vorbildungsmächtigen Gestalten ein völlig anderes Gesicht, das mit der bisher gepflegten Harmlosigkeit nicht mehr konform gehen kann. Wie die fatale Jason-Geschichte mehr als deutlich gezeigt hat, können aus der Wahrnehmung dieser echten oder konstruierten Individualfelder Konsequenzen entstehen, die sich segensreich oder vernichtend dem Wahrnehmenden überordnen und seinen Weg in den Abgrund oder zum Gipfel bewirken können.

Eine Kontrolle des Angebots muß in Zukunft genauso erfolgen wie eine längst bestehende Kontrolle bezüglich der Abgabe von Alkohol an Jugendliche.

Der nicht ausgereifte Seelenkörper eines jungen Menschen ist noch nicht unterscheidungsfähig und kann, je labiler und unvollkommener er in seiner Grundkonstellation beschaffen ist, sich des Einflusses nicht erwehren. So können durch scheinbar harmlose Konsumation von Veranstaltungangeboten, Filmen, Videos und Schrifttum irreparable Schäden angerichtet werden.

Genauso gefährlich ist der übertriebene Umgang mit dem Computer, der die über das Du und Wir zu erfahrende Entwicklung der Phantasie, der Kreativität und der Sinnesbewußtsein in einer konstruierten Ideenwelt gefangen hält und verhindert, daß ein ausgereiftes Ich-Bewußtsein ausgebildet werden kann. Momentan werden, zum verständlichen Ärger vieler optimistisch Denkender, vermehrt Weltuntergangsideen propagiert, die, angefangen von den Schäden durch das tatsächlich existierende Ozonloch bis zum rein hypothetischen Polsprung davon angetan sind, die Menschen in Angst und Schrecken zu versetzen. Wieder ist es die Idee, die in Verselbständigung eine Eigendynamik entwickelt, die zu einem späteren Zeitpunkt in destrukturierender Form zur Auswirkung kommen kann, und zwar keineswegs in Form von Polsprüngen und Kontinentverschiebungen, sondern in aggressiven Kollektivhandlungen, die gezeichnet sein werden von der Energie ihrer ursprünglichen Betreiber.

Jede Bedrohung ohne Verbesserungs- oder Lösungsvorschlag ist eine Fütterung der Potentiale Angst, Krankheit und Hoffnungslosigkeit. Jeder, der eine solche Fütterung im kleinsten wie im größten Kreis betreibt, ist genauso ein Mörder wie ein Schwerbewaffneter, der um sich schießt.

Das Wissen vom Seelenkörper ist so alt wie die Menschheit selbst, genauso wie das Wissen um das Vermischen von Seelenanteilen, das in den Naturwissenschaften und speziell in der Chemie seinen materiellen Ausdruck bekommen hat. Es ist im Lauf der Jahrhunderte zu beobachten gewesen, daß diese Beziehungen und Verbindungen der fragilsten Anteile des Menschen immer weniger Beachtung gefunden haben, dafür aber von der sogenannten Psychologie als krankhafte Formen analysiert und »behandelt« werden.

Es ist unumgänglich, daß dieses Wissen wieder selbstverständlich vermittelt wird wie Lesen, Schreiben und Rechnen.

Es scheint, als ob die wissenden Mächtigen mit gewisser Spekulation eine allzu große Verbreitung dieser Zusammenhänge unterbinden, denn damit würden für die Allgemeinheit bestimmte Machenschaften durchschaubar und verständlich.

So aber wird unbedenklich subliminale Musik gehört (besonders beliebt bei Techno), die auch noch mit bewußtseinssteuernden Rhythmen unterlegt ist. Scheinbar harmlose Filme transportieren faschistoide Ideen, und über Funkwellen spielen sich die unglaublichsten Eingriffe ab, die wir, durch die gnadenlos angebotene Reizüberflutung abgestumpft, schon nicht mehr bemerken.

Wer sich wehren will, muß es vorerst mit Eigeninitiative im engsten Kreis versuchen, mit Beobachtung seines Selbst, seiner Wahrnehmung, seiner Reaktionen. Eine objektive Beurteilung aller Angebote, die Erleichterung und Erlösung versprechen, war nie nötiger als zum jetzigen Zeitpunkt.

In diesem Zusammenhang muß unbedingt gesagt werden, daß jede Lehre, jede angeblich heilbringende Ausbildung, die von der pragmatischen Wahrnehmung entfernt, den Seelenkörper verbildet und destrukturiert. Wir haben einen materiellen Körper und einen Seelenkörper.

Es kann nicht von Nutzen sein, durch Überfütterung einen Teil so zu separieren, daß ein sinnvolles Zusammenwirken nicht mehr möglich ist. Viele dieser angeblich geistig-seelischen Wohltaten und Notwendigkeiten sind genauso gefährlich wie der gedankenlose Konsum von Drogen. Auch hier muß ein konstruktives Mittelfeld hergestellt werden, was nur aus einer Verbindung des eindeutig verwendbaren Wissens aus dem Bereich der Esoterik mit dem eindeutig brauchbaren Wissen der Exoterik, also der äußeren, sichtbaren Welt, entstehen kann.

Das archaische Wissen der sogenannten geheimen inneren Dinge, das in früheren Zeiten an ausgesuchte Schüler in besonderen Zirkeln weitergegeben wurde, hat in heutiger Zeit eine fragwürdige Wiederbelebung erfahren, an der sich alles beteiligt, was in den von den Kirchen und Sekten angebotenen Programmen keine Befriedigung mehr findet.

Diese sogenannte Esoterik hat mit der Einweihungsschulung vergangener Zeiten so gut wie gar nichts zu tun, auch wenn sich hier und dort große Retter der Menschheit als einzige und wahre Einweihungslehrer aufspielen. Für immense Gelder werden in wenigen Monaten sämtliche »Stufen der Erleuchtung« angeboten, oft unter der Auflage, über die Form des Unterrichts tiefstes Stillschweigen zu bewahren, da andernfalls schwerste Strafen zu erwarten wären. Aus Überlieferungen ist bekannt, daß die Schulung in früheren Zeiten ausschließlich von Priestern vorgenommen werden durfte und die Ausbildung sich über Jahrzehnte erstreckte.

Es wird vermutet, daß sowohl Johannes der Täufer als auch Jesus selbst aus solchen Schulen hervorgingen, was die Lücke im curriculum vitae des Nazareners erklären könnte.

Eine solche Schulung ist heute in dieser Form nicht mehr möglich. Nicht nur, weil das Wissen zum großen Teil verlorenging, sondern auch, weil die Entwicklung eine Rückkehr in die Schulung vergangener Zeiten unmöglich macht.

So bleibt nur, das im Zellgedächtnis des Menschen verbliebene Ur-Wissen mit den bewahrten Erkenntnissen in eine Form zu bringen, die, vereinbart mit dem Stand des heutigen Wissens, dem Menschen eine Verständlichkeit seiner Existenz und seiner Aufgaben bewirken kann.

Ein Kombinieren von Wissenschaft, Forschung und sogenanntem Übersinnlichen wird in Zukunft unausweichlich sein.

Vor allem auf dem Gebiet der Heilkunde muß dringend umgedacht werden, Konkurrenzdenken ausschließend, zusammengearbeitet werden. Ideelle Energie und schulmedizinisches Handwerk können gemeinschaftlich ein Mittelfeld erzeugen, das den Ausweg aus der Sackgasse der total vertechnisierten und entmenschlichten Fließbandbehandlung zeigt.

Längst arbeiten in anderen Ländern Ärzte und Geistheiler einvernehmlich und respektvoll miteinander, weil erkannt wurde, daß hinter jeder Erkrankung zuerst die Idee der Krankheit steht, die von der Seele aufgenommen wurde, und hier also die Heilung einsetzen muß, begleitet von dem Wissen und der Diagnoseerfahrung des Pathologen. Idee und Umsetzung könnten hier in bester Übereinstimmung konvenieren und segenbringend wirken.

Doch solange sich die übergeordneten Behörden scheuen, eine offizielle Autorisation auszusprechen, solange werden auch Scharlatane ihr Unwesen auf Kosten der berufenen und hervorragend arbeitenden Heiler weiter treiben. Längst werden in Krankenhäusern und Arztpraxen unter dem Mantel der Heimlichkeit die Kräfte der wenigen erstklassig wirkenden Heiler verwendet. Da über die Ergebnisse nicht berichtet werden darf, scheidet sich nicht die Spreu vom Weizen.

Dabei wäre die Selektion einfach zu treffen, nach dem Motto: Allein Ergebnisse zählen.

Wenn es nachweislich deutsche Heiler gibt, die Gelähmte zum Gehen und Tumore zum Verschwinden brachten, nachdem die Betroffenen von den Ärzten aufgegeben waren, so wäre es doch die leichteste Entscheidung, diesen Erprobten ihre Zusammenarbeit mit den sogenannten Approbierten zu ermöglichen. Hier kommen sich keine Gegner ins Gehege, sondern Gleichgesinnte arbeiten zum Wohle und zum wirklichen Heilen der Menschheit hilfreich und friedlich zusammen. Solange dieses segensreiche Mischfeld jedoch von Mißtrauen und Futterneid gestört wird, können auch diesbezüglich durchaus mögliche Ausbildungen und auch Kontrollen nicht stattfinden. Im Rahmen einer Erweiterung der Akzeptanz von den »Dingen jenseits der Dinge« wäre es auch angebracht und opportun, sich mit dem Wissen von Randgruppen auseinanderzusetzen.

Sprechen wir in diesem Zusammenhang einmal über das bei den Sinti und Roma gehütete Geheimnis der Zigeunergärten. Es sei dazu gesagt, daß normalerweise kein Außenstehender in dieses Ritual eingeweiht wird. Findet jedoch aus bestimmten Gründen eine Ausnahme statt, so wird der in diesem Sinne tatsächlich Eingeweihte seinen Schwur nicht brechen und Stillschweigen bewahren, da er das Vertrauen nicht mißbrauchen wird.

Aus dem Ritual dieser Gärten der Zigeuner sind im Laufe der Zeit Fragmente entnommen worden, die als sogenannte »Tafeln von Chartres« vor allem in der Augenheilkunde verwendet werden.

Tatsächlich sind die Tafeln (siehe Abbildung Seite 170) der Schlüssel zum Geheimnis der Zigeunergärten, da die Voraussetzung, das Wunder, das sie dem Eingeweihten vermitteln, eine besondere Form von Sehen ist. Da mit diesem Fragment das Geheimnis in keiner Weise verraten wird, es aber in vollendeter Form das Sehen des Mittelfeldes gewährt, mag es hier als Abschluß des Buches stehen mit Dank an alle, die mich gelehrt haben, das Wesentliche zu sehen, das für die Augen unsichtbar bleibt.

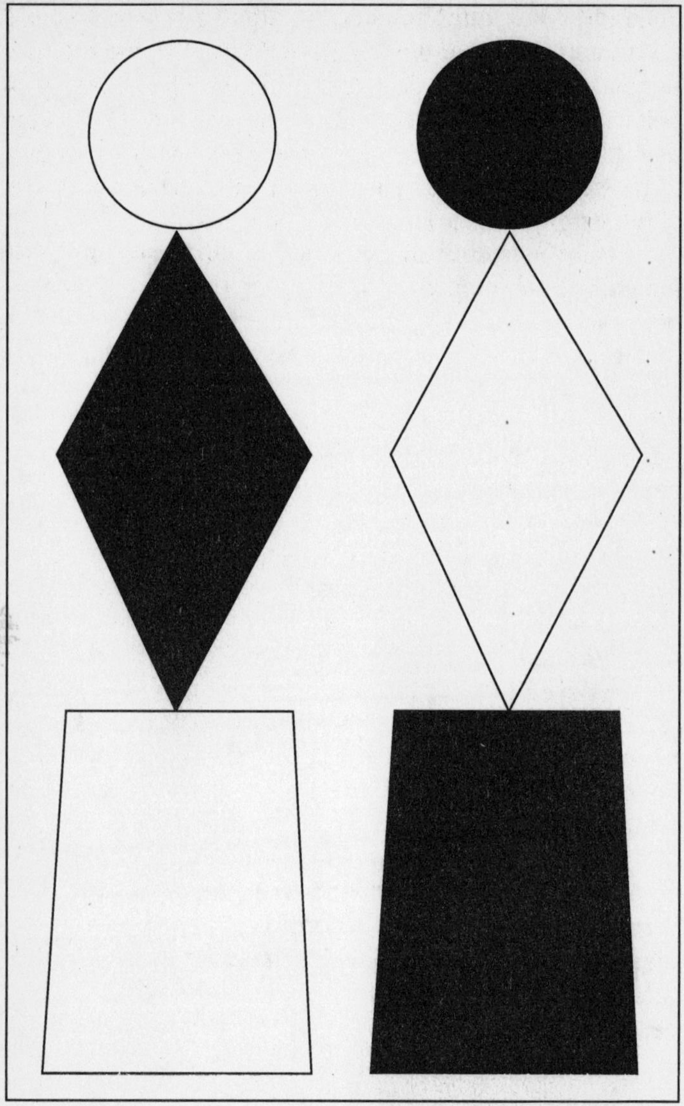

Abgebildete Tafeln: Halten Sie die Tafeln im Abstand von einem Meter vor die Augen und schielen Sie solange, bis sich die Felder dergestalt übereinandergeschoben haben, daß Sie sowohl das rechte als auch das linke, aber auch das Mittelfeld wahrnehmen können. Versuchen Sie, diese Kombination für einige Sekunden zu beobachten, und lassen Sie dann langsam wieder los.

Machen Sie diese Übung nicht öfter als fünfmal hintereinander.

Band 70102

Volker Christmann

Die Siegel des Lotus

Dieses Buch beschäftigt sich mit einer uralten und nahezu verschollenen Wissenschaft – den Siegeln des Yoga. Der Autor schildert in diesem außergewöhnlichen Werk, wie er in den Bergen des Himalaya, in Indien, Nepal und Ladakh auf seine Lehrer traf und deren Wissen kennenlernen durfte. Diese »Siegel des Lotus« verbinden Körperhaltungen, Atemübungen und bewußte Beeinflussung innerer Organe, um Körper, Geist und Seele zu harmonisieren und so zu wahrer Gesundheit zu führen. Volker Christmann beschreibt sowohl Theorie als auch Praxis dieser Yoga-Übungen. Zahlreiche Abbildungen erleichtern das Erlernen.

BASTEI
LÜBBE

Band 70103

Gerhard Buzzi

Indianische Heilgeheimnisse

Der Autor erzählt in diesem Buch über seine Erlebnisse mit »Großvater«, einem Heiligen Mann der Lakota-Sioux. Tauchen Sie ein in die spirituelle Welt der Indianer, lernen Sie jahrtausendealte Heilriten und Zeremonien kennen. Medizinmänner der Lakota sind »wakan«, weil sie heilende Kräfte besitzen. Machen Sie sich all diese Kräfte zunutze. Durch Visionen bringen sich die Indianer dem Schöpfer nahe – erlernen Sie ihre Gebete und begeben Sie sich auf eine Schamanen-Reise. Wenn Geister über die Köpfe der Menschen tanzen, ist Heilung nahe. Tanzen Sie mit!

BASTEI LÜBBE

Band 70104

**Victoria Ransom/
Henrietta Bernstein**

Das Orakel der Weisen Frau

»Das Orakel der Weisen Frau« basiert auf der religiösen Tradition der eleusischen Mysterien, die vor über 3000 Jahren im griechischen Attika gefeiert wurden. Die Weisheit des Orakels hilft uns dabei, den Weg zu einer spirituellen Evolution einzuschlagen. Gleichzeitig werden wir darüber aufgeklärt, wer wir sind und wer wir sein könnten, wenn Frau und Mann sich darauf besinnen würden, schöpferisch und bewahrend das Leben zu gestalten, so daß wirkliche Humanität und individuelles spirituelles Wachstum jede Art von Zerstörung überflüssig machen.

BASTEI LÜBBE

Band 70105

Joraine Löhr

Die Kunst, ein Mensch zu sein

»Die Kunst, ein Mensch zu sein« (und es zu bleiben), ist gerade in der heutigen Welt eine Aufgabe, die schwer zu verwirklichen ist. Einfühlsam, aber unsentimental beschreibt Joraine Löhr, die Begründerin der Sensualttherapie, wie man es trotz aller äußeren Anforderungen schaffen kann, sein Leben frei und glücklich zu gestalten. Dabei werden wir auf eine Entdeckungsreise zu den inneren Sinnen geführt. Diese zu aktivieren, ist die Grundvoraussetzung für eine Lebensentfaltung ohne Angst, Streß und Depression. Wer bereit ist, alte Gewohnheiten abzulegen und den eigenen Empfindungen und Fähigkeiten zu vertrauen, entwickelt ein neues Bewußtsein, das ihm unablässig sagt: »Wage es, du selbst zu sein.«

BASTEI LÜBBE

Band 70106

Christa Zettel

Die Seele der Erde

Fand die prophezeite Apokalypse bereits statt? Gab es den »Krieg der Sterne« schon? Beschreiben die ältesten Mythen die Vergangenheit der Menschheit oder ihre Zukunft? Afrika schwieg lange, aber nun erhebt auch der dunkle Kontinent seine Stimme. »Geschichten, die niemals einem Fremden erzählt werden dürfen« berichten von den ersten Kindern der Großen Mutter Ma, deren grenzenlose Erfindungsliebe zum »Untergang der Erde« führte. Die Apokalypse, der Fall Luzifers und andere Rätsel der westlichen Mythologie erhalten einen neuen Sinn, der den Schlüssel zur Bewältigung der Zukunft in sich birgt. Die Autorin, die 1989 von einem der letzten Hohepriester der Großen Göttin im südlichen Afrika initiiert wurde, eröffnet in ihrem Werk einen direkten Zugang zum geheimen Wissen der »Wiege der Menschheit«.

BASTEI LÜBBE